Mi hijo ha sido agredido

A pesar de haber puesto el máximo cuidado en la redacción de esta obra, el autor o el editor no pueden en modo alguno responsabilizarse por las informaciones (fórmulas, recetas, técnicas, etc.) vertidas en el texto. Se aconseja, en el caso de problemas específicos —a menudo únicos— de cada lector en particular, que se consulte con una persona cualificada para obtener las informaciones más completas, más exactas y lo más actualizadas posible. EDITORIAL DE VECCHI, S. A. U.

«Sin la memoria de las heridas del pasado, no seríamos ni felices ni desgraciados, pues el instante sería nuestro tirano».
Un merveilleux malheur
Boris Cyrulnik

Colección dirigida por Bernadette Costa-Prades.

Traducción de Parangona, realització editorial, S. L.

Diseño gráfico de la cubierta de Bruno Douin.

Ilustración de la cubierta de Jesús Gracia Sánchez.

Título original: Mon enfant a été agressé.

© Editorial De Vecchi, S. A. 2019
© [2019] Confidential Concepts International Ltd., Ireland
Subsidiary company of Confidential Concepts Inc, USA
ISBN: 978-1-64461-372-6

Stéphane Bourcet
Isabelle Gravillon

MI HIJO
HA SIDO AGREDIDO

En la escuela, en la calle, en casa

dve
PUBLISHING

Prólogo

Estamos convencidos de que eso siempre les pasa a los demás hasta que, un día, nuestro hijo vuelve de la escuela completamente trastornado porque le han insultado violentamente o porque uno más mayor le ha chantajeado. Nuestra hija vuelve llorando de una fiesta: sin que ella se diera cuenta, alguien le ha puesto algo en la bebida que ha anulado su capacidad de reacción y han abusado de ella. Al volver de unas colonias de vacaciones, nuestro niño nos confiesa que un monitor le ha sometido a tocamientos sexuales. De camino al colegio, a nuestro hijo adolescente le han arrancado la mochila en plena calle y encima le han pegado. De repente, nosotros, los padres, nos vemos enfrentados a esta violencia que ha sufrido carne de nuestra carne. A menudo nos veremos sumergidos en todo tipo de sentimientos contradictorios, que oscilan entre la culpabilidad por no haber sabido proteger a nuestro hijo, el deseo de venganza contra el agresor, la tentación de negar este hecho demasiado doloroso. Y sobre todo nos asaltan innumerables preguntas: ¿Cómo va a reaccionar nuestro hijo? ¿Conseguirá superar esta prueba? ¿Cómo ayudarle? ¿Es absolutamente necesario llevarlo a un psicólogo? ¿Denunciarlo es obligatorio? ¿Y si el agresor lo aprovecha más tarde para vengarse?

No es fácil tomar las decisiones correctas y ser un apoyo eficaz para la joven víctima frente a tantas preguntas y confusión... Este libro tiene justamente como objetivo intentar comprender lo que puede suceder a la vez en la cabeza del niño o del adolescente agredido y en la de los padres, antes de ofrecer algunas pistas de reflexión y consejos concretos para superar este hecho doloroso. Todo ello teniendo presente la absoluta conveniencia de no encerrar al que ha sufrido la violencia en su papel de víctima, sino al contrario, ayudarle a que vuelva a animarse y a mirar con confianza el futuro.

Capítulo 1

¿Qué es
una agresión?

Desgraciadamente, hay muchas maneras de agredir a un niño. Golpes, quizá violación... pero también amenazas, insultos. La agresión también puede consistir en críticas humillantes expresadas por un profesor o por los padres, en azotainas demasiado sistemáticas o incluso en pornografía.

Golpes y violencia

Determinadas palabras o expresiones tienen tendencia a evocar escenarios bastante parecidos en la mayoría de las personas. Por ejemplo, si nos hablan de un niño o de un adolescente que ha sido agredido, es muy probable que a todos nos vengan a la mente más o menos las mismas imágenes: el niño o el adolescente en cuestión pasea tranquilamente por la calle, dos gamberros surgen de repente y se tiran sobre él para robarle, a golpes, su mochila o su reloj.

Con algunas variantes, esta es la idea que nos hacemos de entrada sobre una agresión: violencia, golpes, a veces incluso una paliza, que se producen sin que la víctima se haya metido con nadie. Una descripción que se corresponde muy bien con la definición que el diccionario de la Real Academia da de este sustantivo: «Agresión: Acto de acometer a alguien para matarlo, herirlo o hacerle daño. Acto contrario al derecho de otra persona. Ataque armado de una nación contra otra, sin declaración previa». Recordemos que en el caso de la figura evocada, la agresión pasa por el contacto físico y la violencia. En efecto, estas son dos dimensiones importantes de la cuestión. La etimología latina de la palabra agredir es aggredi o ad gradi, que significa «ir hacia» pero también «ir contra» con la idea de atacar y de combatir: vemos que la voluntad de provocar un contacto cuerpo a cuerpo y la determinación de llegar a las manos están muy presentes en el agresor.

Cuando la palabra agrede

Sí, pero ¿y qué? estamos tentados de decir, porque hay también muchas agresiones en las que el agresor no toca ni un pelo a su víctima... Tomemos el caso del chantaje: un niño o un adolescente puede perfectamente verse inducido a dar todo lo que lleva bajo la coacción ejercida... no mediante golpes o un arma, sino con amenazas verbales. Esta forma tan especial y difundida de agresión no toca el cuerpo (o en todo caso, no necesariamente), sino que apunta a la mente y pasa por la presión psicológica, la intimidación.

Siempre en este registro que ignora los golpes y la violencia física, hay que incluir el insulto que espeta un alumno de la escuela, el colegio o el instituto, a otro, en medio del patio de recreo, ante un montón de testigos. «Estás como una vaca», «¡Idiota!», «¡Hijo de p...!», «¡Meón!»... Son sólo palabras, nada más y, no obstante, pueden hacer mucho daño y causar heridas que aunque no son visibles en el cuerpo, no son menos dolorosas para la mente.

El ataque verbal que puede padecer un niño o un adolescente por parte de sus compañeros no debe tomarse a la ligera, ni mucho menos. Que le ataquen, además en público, sobre su aspecto físico o sus orígenes, constituye una agresión completamente real. El dolor que sentirá no será el mismo que el de un arañazo, pero la humillación no escuece menos. La humillación no es sólo sentirse ridículo, tocado en su amor propio o su orgullo, es algo mucho más violento y profundo que eso: incide en la propia identidad, rebajada, disminuida, es tener el sentimiento de ser inexistente a los ojos de los demás, de no estar en su lugar. Y no siempre es fácil recuperarse de estas ofensas...

Las agresiones verbales son tanto más violentas porque raramente se profieren al azar. El agresor tiene una intención muy consciente de hacer daño: es lo que le caracteriza y le procura placer. A la manera de un caricaturista, va a captar un rasgo físico, intelectual o familiar presente en su víctima y va a deformarlo, a agrandarlo. La persona insultada se verá entonces reducida a un solo aspecto de sí misma, naturalmente no el más halagador.

Cuando los adultos se meten

La injuria proferida por un compañero de la misma edad es una forma de agresión; la frase asesina asestada por un adulto es otra. Naturalmente, no existe la escala de Richter de las agresiones verbales y las humillaciones que producen. Ello no impide que las que profieren los adultos sean sin duda más devastadoras a largo plazo, porque vienen «de arriba», de aquellos que ejercen el poder sobre los niños y también sobre el saber. Se soporta mejor que te trate de retrasado un colega que el profesor de matemáticas. El insulto no tiene el mismo peso, no transmite los mismos sobrentendidos ni los mismos juicios de valor. En la mente del niño e incluso del adolescente, la palabra del adulto no se suele cuestionar: si este último considera que es tonto, sin duda lo es de verdad, se dice la joven víctima...

Evidentemente, los profesores no son los únicos que patinan verbalmente. Los padres también practican más a menudo de lo que deberían las «salidas de tono». Frases como «¿Qué vamos a hacer contigo?» o «Pero ¿qué hemos hecho para que nos salga un niño así?», ¿acaso no son también a su manera agresiones? ¡Qué exageración!, protestaremos como progenitores aludidos, sólo son palabras sin importancia que se nos escapan porque estamos cansados, es una manera de hablar.

¡Desgraciadamente no! Repetidas con regularidad, y demasiado a menudo (ese es el caso), estas frases penetran profundamente en la mente del niño y minan completamente su autoestima.

Para desarrollar su propia identidad y su imagen, el niño se apoya esencialmente en lo que le proyectan sus padres. Si sistemáticamente le echan en cara cosas negativas, los daños serán graves, porque el niño todavía no posee un narcisismo lo bastante sólido y establecido para integrar los reproches y «encajar» la denigración sin que todo su edificio identitario se hunda.

Respecto al adolescente, desde este punto de vista no es menos frágil: en plena transformación psíquica, en búsqueda de su futura personalidad de adulto, vivirá la violencia de las palabras despreciativas como si fueran puñetazos.

Otro ejemplo de agresión parental: el desprecio, la indiferencia, el abandono. No conceder ninguna atención a su hijo, no ocuparse nunca de él ni dedicarle tiempo o hablar de él en su presencia como si no estuviera, sí, todo esto también es una agresión. Igual que no es necesario que haya golpes para que se dé una agresión, a veces tampoco hace falta que haya palabras...

La azotaina, ¿una agresión?

¿Cuando los padres levantan la mano a su hijo puede hablarse de agresión? Es un tema en el cual hay que desconfiar de las conclusiones demasiado apresuradas. ¿Qué dice la ley? Muchos países europeos han votado un texto que prohíbe expresamente, en casa y en la escuela, las azotainas, los cachetes y las bofetadas. Suecia fue la primera en hacerlo en el año 1979, seguida por Finlandia, Noruega y, más recientemente, Italia y Alemania; Francia y España no se han adherido a este trámite prohibitivo. Pero, aunque nuestro país no prohíba la azotaina, no significa que la autorice. El Título VII del Código Civil trata «De las relaciones paterno-filiales» y, entre otros aspectos, regula la patria potestad. En el artículo 154 se precisa que «la patria potestad se ejercerá siempre en beneficio de los hijos de acuerdo con su personalidad, y comprende los siguientes deberes y facultades: 1. Velar por ellos, tenerlos en su compañía, alimentarlos, educarlos y procurarles una formación integral. 2. Representarlos y administrar sus bienes. (...) Los padres podrán en el ejercicio de su potestad recabar el auxilio de la autoridad. Podrán también corregir razonable y moderadamente a los hijos». Por su parte, el Código Penal trata tanto la violencia física como el «trato degradante, menoscabando directamente la integridad moral» y castiga con penas de hasta tres años de cárcel la «violencia física o psíquica» e incluso «cuando el juez o tribunal lo estime adecuado al interés del menor o incapaz, inhabilitación especial para el ejercicio de la patria potestad, tutela, curatela, guarda o acogimiento por tiempo de uno a cinco años» (artículo 173).

Hay que preguntarse dónde acaba la azotaina «educativa», o lo que entendemos como tal, y dónde empieza la agresión reprensible por la justicia. En efecto, hay una diferencia entre dar una azotaina de vez en cuando al niño, porque estamos cansados después de un día de trabajo y hemos perdido la paciencia tras una sucesión de caprichos, por ejemplo, y pegarle habitualmente, con fuerza, por una tontería, con el objetivo de someterlo a cualquier precio o, peor aún, de humillarle. Naturalmente, en el segundo caso sólo se podrá hablar de agresión en el sentido legal de la palabra, e incluso podría haber malos tratos.

Sin llegar a eso, no impide que toda azotaina sea un acto violento y agresivo que, sea cual sea el contexto, sigue suponiendo un perjuicio físico en el cuerpo del niño. La bofetada, el cachete, la azotaina son especialmente traumatizantes para un niño cuando proceden de los padres, los mismos que deben ser la base de su seguridad interior, de los cuales depende completamente, a los que ama y que son sus modelos. Hay muchos otros medios para educar a un niño que la azotaina y los castigos corporales, muchos otros medios de castigar, por otra parte mucho más eficaces que la violencia física. Después de todo, ¿qué aprende el niño con la azotaina? No a respetar una regla, sino a someterse al más fuerte que él. Curioso «éxito» educativo... Pensemos en ello, sobre todo porque según el barómetro del Centro de Investigaciones Sociológicas de marzo de 2004, el 52,2 % de los españoles justifican «algunas veces» dar un bofetón o una azotaina a su hijo...

La agresión sexual

Evidentemente, si se intenta definir los diferentes tipos de agresión, no puede ignorarse la dimensión sexual. La violación es sin duda la agresión que más se teme para nuestros hijos, especialmente para las niñas. Algunas cifras muy significativas: más del 80 % de las víctimas de agresión sexual son niñas, el 62 % de las víctimas tienen menos de 18 años, entre el 70 y el 85 % de los casos la víctima conocía al agresor. De esto se deduce que una violación no se produce necesariamente de noche en una calle desierta o en un aparcamiento subterráneo, puede producirse en el transcurso de unas vacaciones, en una fiesta en la que el adolescente conoce a todo el mundo... o en casa, perpetrada por un amigo de la familia o, desgraciadamente, por un pariente. En este tema también hay que desconfiar de las definiciones demasiado precipitadas. En España, las sucesivas reformas del Código Penal han modificado el Título que ahora se denomina «Delitos contra la libertad e indemnidad sexuales» y la violación se tipifica como «agresión sexual»: «El que atentare contra la libertad sexual de otra persona, con violencia o intimidación, será castigado como responsable de agresión sexual con la pena de prisión de uno a cuatro años». En efecto, la agresión sexual engloba muchas más cosas: se trata de todo acto con carácter sexual cometido por un individuo sin el consentimiento de la otra persona o en algunos casos, concretamente con niños, a través de una manipulación afectiva o chantaje. Puede haber contacto físico (tocamientos, caricias, etc.) o no (palabras o gestos con connotación sexual). Es decir, si un adulto o un adolescente más mayor utiliza términos pornográficos con un niño o le muestra fotografías X o exhibe su órgano sexual ante él, incluso sin tocarlo, también hay agresión sexual.

En este sentido, cabe recordar una noticia que desgraciadamente ocupa con frecuencia las páginas de los periódicos de Francia: las violaciones colectivas o *tournantes* (por turnos). El término, ya incorporado al lenguaje cotidiano, designa el escenario sórdido de una chica a la que violan en un sótano de una ciudad todo un grupo de chicos, normalmente de su edad. Obviamente, este tipo de violaciones colectivas se inscribe dentro del concepto de agresiones sexuales y hay que recordarlo, porque demasiado a menudo se oyen comentarios como: «Después de todo, si ella ha bajado a ese sótano, será porque consentía»... No, las chicas que sufren una violación no se lo «han buscado», son víctimas de un crimen.

Esto no impide preguntarse si los violadores no son ellos también víctimas a su vez, víctimas de una sociedad que les niega toda referencia, que presenta en todas partes a la mujer como un «objeto sexual», en los anuncios, en las películas pornográficas, etc., y les exhorta a servirse de ellos. La joven que sufre una violación colectiva a menudo es «ofrecida» por su novio, como un objeto de regalo, a sus amigos. Desgraciadamente, ella misma tiene tendencia a considerarse como un «objeto sexual», puesto que es el único papel que la sociedad le concede...

Cuando la sociedad agrede a los niños

Puesto que la sociedad parece figurar en el banco de los acusados, atrevámonos a proseguir con la instrucción de su proceso. En efecto, nuestro mundo moderno es especialmente agresivo con los niños y los adolescentes. El éxtasis que se vende a bajo precio a la salida de los colegios, ¿acaso no es una agresión orquestada por una mafia de adultos? Los sitios pornográficos de Internet, fácilmente accesibles para todos, incluso los más jóvenes, vídeos porno que un crío de 10 años puede alquilar en un videocajero automático, también son agresiones. Detengámonos un momento sobre esta cuestión de la pornografía, que también ha hecho verter mucha tinta.

Más allá de las películas X, se puede hablar de una auténtica avalancha de pornografía dirigida muy especialmente a los adolescentes. Las revistas destinadas a niñas de 15-20 años presentan sin complejos en portada titulares como *Sodomía o felación, banco de pruebas*. Respecto a las «radios jóvenes», no son menos generosas en detalles y explicaciones sobre prácticas sadomasoquistas u otros temas no menos «fuertes».

La pregunta es si nuestros adolescentes son agredidos por esta gran exposición de mercancías obscenas. Es muy probable, sobre todo cuando se sabe, por ejemplo, que las películas X son cada vez más duras y violentas, porque para vender todavía más los productores van cada vez más lejos: primeros planos de genitales, eyaculaciones, violación de una joven perpetrada por varios hombres, humillación y cosificación de mujeres a las que se las llama «zorras» o «putas», etc. Sin experiencia sexual, algunos adolescentes toman estas películas como modelos: los chicos se imponen determinadas obligaciones de rendimiento al tomar como referencia las «hazañas» de los actores de películas X y tratan a su pareja como un simple objeto de placer, evitando los sentimientos amorosos; las niñas aceptan sin placer ni deseo lo que creen que es la norma. ¿Dónde está el consentimiento libre e ilustrado en todo esto? Volvemos a encontrar la definición de agresión: una violencia impuesta.

Para los niños más pequeños, los efectos no son menos nefastos: descubrir un pene en erección en una pantalla o ver un coito en primer plano puede ser muy traumatizante a los 10 años (en primaria, un niño de cada dos, principalmente chicos, ya habría visto una película de sexo). A esa edad, equivale casi a asistir al acto en directo y provoca una auténtica fractura en la mente del niño que puede destruir las etapas de su desarrollo afectivo y sexual. Una vez más, sin duda se trata de una agresión.

¿Una jerarquía?

Examinando la situación de las agresiones de las que puede ser víctima un niño o un adolescente, podemos vernos tentados a establecer una jerarquía. ¿Algunas son más graves que otras? A *priori*, diríamos que una violación es algo más dramático que el robo de una cazadora, incluso con violencia. ¿Y si no fuese tan simple? No puede «evaluarse» una agresión sólo en función de las consecuencias psicológicas que tendrá sobre la víctima más o menos a largo plazo. Algunas agresiones objetivamente muy duras a la larga serán bastante bien «digeridas». Otras aparentemente más leves crearán una terrible fractura en la vida del que las ha sufrido. Más adelante trataremos este tema con más detalle.

Otro aspecto desempeña un papel importante en la gravedad de una agresión: la repetición. Si el profesor de piano viola habitualmente a un niño durante varios años; si un adolescente recibe insultos y humillaciones cada día durante meses proferidos por la misma banda de jóvenes que lo esperan todas las noches en la parada del autobús; si un progenitor pega todas las noches a su hijo…, las consecuencias evidentemente no serán las mismas que en aquellos casos de una agresión única y no repetida.

De lo expuesto hasta ahora se desprende que la noción de agresión que parecía bastante sencilla es más compleja de lo previsto. Sin embargo, es necesario comprender la agresión en todas sus dimensiones: en efecto, la única manera de ayudar mejor a un niño agredido es tener plena conciencia de lo que ha podido sufrir.

Lo esencial

Una agresión no implica necesariamente un perjuicio físico: si bien a veces se materializa en golpes, también puede pasar por violencia verbal (insultos, palabras humillantes, amenazas, etc.).

El agresor no es necesariamente quien imaginamos. Un niño o un adolescente no siempre es agredido por gamberros, también puede ser víctima de adultos (profesores, amigos de la familia e incluso sus propios padres).

Una agresión sexual va desde la exhibición a la violación, pasando por los tocamientos y las palabras con connotación sexual.

Capítulo 2

Eso sólo les pasa a los demás

Cuando la agresión hace su irrupción brutal en la vida de una familia porque un niño ha sido víctima, también surge el conflicto. Le creíamos protegido, pero nos engañábamos... Rápidamente, nos hacemos una pregunta: ¿cómo ha podido pasarnos esto?

¿Por qué él?

Cuando un hijo es víctima de una agresión, los padres se preguntan tarde o temprano: «¿Por qué él y no otro? ¿Por qué lo han chantajeado a él en el colegio y no a uno de sus amigos? ¿Por qué la han violado a ella en una fiesta y no a su amiga? ¿Por qué él es la víctima propiciatoria de la clase y no otro alumno?». Estas preguntas reflejan, obviamente, una forma de mezquindad... por otra parte muy humana. Cuando nos golpea una desgracia siempre preferiríamos ahorrárnosla, incluso si eso supone que acabe golpeando a otros.

En esas preguntas también puede descubrirse una acusación, inconsciente, por supuesto, contra el hijo: «Pero, no es posible, se lo ha buscado,... ¡si no esto no le habría pasado a él!». Sin duda es un medio de defensa de los padres frente a un acontecimiento demasiado difícil...

El sentimiento de culpabilidad, en estas circunstancias, tampoco anda muy lejos: ¿y si en parte fuésemos responsables porque somos sus padres y no le hemos enseñado a defenderse mejor, no hemos sabido protegerlo? Los padres de sus amigos han debido de ser más eficaces...

No obstante, pese a todos estos sobrentendidos, no hay que evitar hacerse esta pregunta: «¿Por qué él y no otro?».

Las respuestas que aportará este interrogante podrían revelarse muy útiles. Comprender mejor los motivos o la cadena de circunstancias que han podido conducir a la agresión del hijo podrá ayudarle para que no se reproduzca.

Las leyes del azar

En muchos casos, el niño o el adolescente sólo debe su agresión al simple azar. Se encontraba en el lugar equivocado, en el momento equivocado. Se ha cruzado en el camino de una banda de gamberros excitados que sólo querían llegar a las manos con no importa quién y, desgraciadamente, en ese preciso instante la calle estaba desierta: esto reúne todas las condiciones para la agresión. O bien tiene la desgracia de parecerse físicamente a una persona que el agresor detesta y eso basta para desencadenar su animosidad. O incluso es judío, negro o musulmán y se topa con un racista fanático.

Son innumerables las circunstancias, tanto fortuitas como desgraciadas.

Otro ejemplo en el que se puede invocar una triste fatalidad: una chica joven que encarna el arquetipo físico de la fantasía de un violador y la elegirá a ella antes que a otra. Lo mismo puede decirse de los niños víctimas de violencias sexuales por parte de un padrastro, por ejemplo. En efecto, podemos preguntarnos qué «lógica» puede empujar a un padrastro abusador a atacar a la hija mayor de su compañera antes que a la hija menor. En este caso también hay que tener en cuenta las circunstancias y la construcción mental del violador: se queda solo con la hija mayor una hora cada noche cuando la hija pequeña vuelve más tarde con mamá; la hija mayor es morena y eso lo perturba y excita sexualmente, mientras que la pequeña es rubia. Vemos que una agresión puede nacer de un «detalle»...

A veces la víctima no es más que un peón que sirve al agresor para ajustar cuentas completamente personales o para curar antiguas heridas. Un comportamiento «liberador» que se encuentra a menudo en niños maltratados que después son padres. Si no han podido superar los traumas engendrados en una infancia de horrores y sufrimientos, tendrán la ilusión de escapar adoptando la misma actitud de aquellos que les han hecho sufrir. El niño maltratado no pinta nada: es la víctima desgraciada de una historia que se repite. Haga lo que haga, sea quien sea, no habría podido escapar.

También puede suceder que el niño maltratado sea utilizado por un padre violento para atacar indirectamente a su mujer: sabe que al pegar a su hijo, la hace sufrir, la hiere. Este niño tiene la desgracia de ser hijo de un padre perverso, su personalidad no es el motivo de la discusión.

Arriesgarse

Hay otros tipos de escenarios en los que la víctima, a menudo sin darse cuenta, se pone en una situación peligrosa. Pasear solo por una calle completamente desierta de un barrio con fama de peligroso a las tres de la mañana puede multiplicar los riesgos de tener un mal encuentro. Del mismo modo, subirse a un coche con uno o varios chicos que no conoce puede exponer a una chica joven a problemas graves.

Aún hay muchas más maneras de flirtear con el peligro: beber demasiado alcohol una noche o consumir drogas disminuyen las capacidades de reaccionar ante una eventual agresión e incrementan las de adaptarse a un contexto peligroso. Si nos emborrachamos un poco, nos decidiremos a pasear por la noche en un barrio conflictivo, cuando en otro momento habríamos tomado un taxi.

El tipo de ropa y el aspecto también pueden considerarse como un factor de riesgo. En algunas circunstancias, sí. Es evidente que un chico con el pelo decolorado y el rostro cubierto de *piercings* por ejemplo, u otro con aspecto muy afeminado, en determinados ambientes atraerán la mirada por su apariencia llamativa y poco habitual. Los caracteres un poco zafios y agresivos podrían perfectamente tomar estas diferencias como una provocación y recurrir a los golpes o a los insultos como respuesta.

En lo que respecta a las niñas, sería muy hipócrita pretender que un vestido sexy, una falda muy corta con unos zapatos de tacón o una lencería atractiva y visible no van a excitar las pulsiones sexuales de los hombres. Si por desgracia los individuos en cuestión son poco aptos para controlar sus deseos y para prohibirse el paso a la acción, la agresión será inevitable.

¡Atención! Esta observación no significa en absoluto que una chica así vestida se haya buscado o merezca lo que le pueda pasar. Tiene todo el derecho a vestirse así y eso no autoriza en ningún caso a los hombres a faltarle al respeto: como hacen todos los seres humanos dignos de ese nombre, a ellos les corresponde contener sus deseos sexuales. Por otra parte, normalmente una chica no elige ropa sexy con la intención consciente de provocar al sexo opuesto, sino para demostrar su feminidad naciente, para gustarse a sí misma, para identificarse a través de la moda con sus amigas.

Se trata de subrayar que las opciones en la vestimenta de esta adolescente no son neutras y no siempre se adaptan al contexto. Efectivamente, de la misma manera que un trabajador no va a la oficina en pantalón corto y chanclas para evitar que el jefe lo amoneste o lo despida, una chica no puede frecuentar determinados lugares públicos con un vestido provocativo sin correr el riesgo de dar con hombres poco respetuosos o peor aún.

¿Un perfil de víctima?

Si las explicaciones de una agresión se buscan a menudo en lo que los especialistas llaman el «contexto criminal» (la situación, el carácter del agresor, los comportamientos del agredido, lo que acabamos de tratar), la personalidad de la víctima también puede contarse entre ellas. Suele decirse que los perros peligrosos «huelen» a los humanos que tienen miedo de ellos y les muerden antes que a aquellos que no muestran ningún temor. ¿Sería posible extrapolar esta afirmación popular a las agresiones entre seres humanos?

Desconfiemos de las conclusiones simplistas, pero sabiendo que los agresores comparten en una inmensa mayoría una línea de conducta común (la búsqueda de la víctima «fácil») podemos imaginar que siempre elegirán una presa de aspecto tímido y temeroso antes que a una persona segura de sí misma. Varios estudios realizados en cárceles estadounidenses apuntan en este sentido. Se proyectan películas a los agresores en las cuales se ve pasar a transeúntes y después se les pregunta: «¿Qué persona habría escogido como víctima?». Los resultados de esta investigación han sido bastante inquietantes. En su gran mayoría, las víctimas elegidas presentaban una actitud corporal bastante indecisa: modo de andar vacilante, hombros caídos, mirada baja o huidiza. Las personas que andaban con la cabeza alta y los hombros rectos, el paso seguro, la mirada directa (sin ser tampoco demasiado incisiva porque podría tomarse por una provocación o un desafío) raramente eran seleccionadas por los agresores sometidos a esta prueba.

Es decir, si un niño pertenece a la categoría de los grandes tímidos inhibidos, sin duda corre mayor riesgo de ser un día víctima de una agresión, aunque evidentemente esto no significa que tenga que ser así. La timidez es un rasgo de carácter muy difícil de disimular en la medida en que justamente influye en las relaciones con los demás, en la manera de hablar, de estar, de andar, etc. En resumen, la timidez se nota a distancia (podría decirse que se «huele», siguiendo la metáfora canina).

Naturalmente, cualquier otro signo visible de una debilidad, como un trastorno físico o mental, por ejemplo, tendrá las mismas consecuencias que la gran timidez: hacer de la persona que lo padece una presa apetecible porque en principio es una presa fácil. En algunos casos, un simple rasgo poco agraciado en la fisonomía de un niño o de un adolescente, un rostro especialmente poco afortunado, un acné purulento, gafas muy gruesas, etc., bastarán para hacer que ese sujeto sea más «agredible» que otro porque él mismo se sentirá inferior. De un modo general, puede afirmarse que cualquier forma de diferencia es susceptible de debilitar a un niño o a un adolescente: ser bueno en el colegio, que le guste la música clásica en una clase en la que todo el mundo es fan del rap, vestir ropa barata y no de «marca», ser el único que se enfrenta a la tiranía del matón de la clase, etc.

Dicho esto, la vulnerabilidad no pasa necesariamente por la timidez, un problema físico o una diferencia, quizá sea puramente puntual y resultado de un hecho concreto. Un adolescente al que la novia le acaba de «dejar», un niño cuya abuela acaba de fallecer, otro cuya madre está gravemente enferma, serán más frágiles que de costumbre y menos dispuestos a reaccionar y hacer frente a una agresión.

Demasiado mimado o menospreciado

La mayoría de las veces, si un agresor elige una víctima concreta es porque está casi convencido de que no resistirá y no intentará defenderse. Pero, ¿qué explica el hecho de que un niño o adolescente se resigne a la agresión? Primer ejemplo: el realismo. La víctima se enfrenta a un «superior» mucho más grande y fuerte que él, o bien está solo frente a toda una banda o incluso debe oponerse a un asaltante armado. Hay que reconocer que en estos casos lo mejor es someterse...

Pero a veces, el atacante no es mucho más forzudo que la víctima y ésta tampoco se defiende, ni siquiera lo intenta. ¿Cómo puede aceptar dejarse pegar, insultar o chantajear sin intentar la mínima rebelión? Esta pregunta nos la hacemos especialmente cuando un niño es «elegido» cabeza de turco de su clase y parece aceptar su suerte con una desconcertante fatalidad.

A menudo se trata de niños y adolescentes que no han integrado bien las reglas de juego de la vida en sociedad: en una colectividad, hay que saber imponerse y, sobre todo, aprender poco a poco a arreglárselas solo, sin la ayuda sistemática de los demás. Ahora bien, un niño demasiado mimado y sobreprotegido por sus padres no tiene esta capacidad de tomar las riendas de su vida, encontrar soluciones por sí mismo cuando se le plantea un problema. A fuerza de que otros se lo hagan todo y que no le dejen nunca hacer frente a los obstáculos, ha adquirido una imagen muy poco gratificante de sí mismo y no ha aprendido a forjarse estrategias para reaccionar, adaptarse, defenderse.

Si algunos padres ahogan a su hijo en demasiado amor, otros son especialmente desapegados. Nunca cogen a sus hijos en brazos, nunca les manifiestan la menor ternura. En este tipo de situaciones, se habla de graves carencias afectivas. Los niños, que son las desgraciadas pequeñas víctimas, también desarrollan una imagen dramáticamente despreciativa de sí mismos (no sirven para nada, ni siquiera para ser queridos) y no adquieren ningún sentimiento de seguridad interior (nadie les tranquiliza nunca para que aprendan a sentirse fuertes): dos elementos que pueden hacer de ellos víctimas por su fragilidad y docilidad, pues lo darían todo por ser queridos.

Asimismo, sin ir hasta las lagunas afectivas, hay también carencias educativas, cuando los padres no han sabido enseñar a sus hijos los límites de lo que es tolerable o no. ¿Cómo dirá un niño que «no» a un adulto que quiere abusar de él si no sabe que su cuerpo le pertenece a él mismo y que nadie tiene derecho a forzarle a hacer lo que no desea? ¿Cómo pensar que los golpes recibidos no son absolutamente normales y legítimos, si un niño ve cada día a su padre pegar a todo el mundo en casa? Para que un niño pueda defenderse, hay que enseñarle a respetarse a sí mismo y a los demás, pero también a rechazar la violencia tanto física como verbal. Desgraciadamente, ese no es el caso en todas las familias.

¿Una cuestión del inconsciente?

La última pista para intentar comprender por qué algunos asumen más a menudo que otros el papel de víctima en el gran *casting* de la vida es la parte del inconsciente. Algunos psicoanalistas han desarrollado la hipótesis de que los niños o adolescentes que sufren pueden ponerse en situación de hacerse agredir (inconscientemente, claro está) para llamar la atención o la compasión sobre ellos mismos y su malestar, o para aligerar un sentimiento de culpabilidad inconsciente. Puede imaginarse hasta qué punto es poderoso su desconcierto...

Algunos casos edificantes (como el siguiente) podrían confirmar esta suposición. Tras una violación ocurrida en su adolescencia, una chica pudo finalmente explicar el incesto que había cometido su padre con ella cuando era pequeña. Como si hubiera «necesitado» el trauma de la agresión presente para remontar la de la infancia, clavada profundamente, y liberarse de ella. Es obvio que no puede afirmarse que esta persona ha buscado deliberadamente que la violen, sino que simplemente se ha proyectado de modo inconsciente en una situación en la que corría este riesgo.

Sea como sea, lo que parece indispensable es preguntarse con la mayor franqueza posible sobre los motivos que puedan explicar la agresión a nuestro hijo... incluso si nos muestran una imagen de él que no queremos ver o cuestionan nuestra función de padres. ¿Se ha arriesgado? En este caso, ¿por qué se ha emborrachado o ha consumido drogas?

¿Le hemos mimado demasiado y le hemos impedido emprender el vuelo? ¿No se gusta, está acomplejado? Las respuestas a estas preguntas permitirán dirigir correctamente la ayuda y quizá también rectificar algunas costumbres educativas.

Lo esencial

Muy a menudo la agresión depende de un factor externo (circunstancias, personalidad del agresor).

Pero, a veces, las víctimas se ponen ellas mismas en peligro sin darse cuenta.

Todo signo de debilidad (timidez, vulnerabilidad a causa de un hecho puntual, mala imagen de uno mismo, etc.) puede «atraer» al agresor.

Es fundamental comprender los motivos que han podido llevar a la agresión de un niño o de un adolescente para ayudarlo mejor.

Capítulo 3

¿Qué siente?

Cuando un niño o un adolescente acaba de sufrir una agresión, inevitablemente sus padres se inquietan. ¿Cómo saber si va a «digerir» el hecho o si quedará profundamente traumatizado? A continuación un breve compendio de los sentimientos que puede sentir, de las reacciones que puede manifestar.

Todo depende de su historia

Desde que nuestros hijos son pequeños, siempre es lo mismo: quisiéramos estar conectados en directo a sus pensamientos más secretos (¡incluso sabiendo bien que no es conveniente!) para saber qué les pasa por la cabeza. Evidentemente, en el caso de un hecho tan grave como una agresión, esta tentación se incrementa. ¿Qué siente un niño o un adolescente después de padecer insultos, robos, golpes o, peor aún, una violación? Quizá confíe su estado de ánimo a sus padres... o quizá no lo haga. Por todo ello, creemos conveniente presentar las diferentes reacciones posibles, las más corrientes, no de un modo exhaustivo pero sí como mínimo indicativo.

Para empezar, queremos subrayar que una agresión no tendrá los mismos efectos según la historia personal de la víctima y su carácter. Pongamos por ejemplo a un alumno de 10 u 11 años, satisfecho y seguro de sí mismo y también listo, que cuenta con el apoyo de su familia y amigos. Podemos suponer que la paliza de un «mayor» no lo dejará indiferente, pero tampoco le provocará una depresión nerviosa. Su imagen de sí mismo era suficientemente sólida y sólo se verá ligeramente mermada por este ataque. Por otra parte, podrá relativizar el hecho hablando de ello en su entorno, encontrar la ayuda necesaria para asegurarse de que eso no volverá a suceder. Es decir, pasará mucho miedo en el momento, se sentirá tal vez humillado y angustiado durante algún tiempo, pero eso pasará bastante rápido. Ahora evoquemos el caso de un niño que no tiene confianza en sí mismo o, peor aún, al que sus padres pegan habitualmente. Esa agresión física exterior hará caer todavía más su mermada autoestima y ahondará todavía más las simas en su mente ya frágil, le afectará profundamente y no podrá desplegar ninguna estrategia de protección para el futuro.

Todo depende del agresor

Los efectos de una agresión varían también en función del agresor. Escenario número uno: una niña pequeña se cruza con un exhibicionista que se masturba y eyacula ante ella. La niña vuelve a casa llorando y cuenta el incidente a sus padres. Naturalmente, de momento está asustada, pero es muy probable que ya no piense en ello hasta al cabo de unos días o algunas semanas. Escenario número dos: otra niña pequeña asiste exactamente a la misma escena, pero esta vez el adulto perturbado no es otro que su profesor de piano, amigo de la familia. Para ella todo se derrumba: este hombre en quien confiaba, que para ella era una referencia y, sobre todo, que frecuenta a sus padres, le impone una visión sucia y degradante. ¿Sus padres la creerán cuando se lo explique? La niña se arriesga a encerrarse en el silencio y el miedo a que eso se repita. Entonces, el trauma será tanto más difícil de superar.

Por lo que respecta al agresor, es importante saber si trabaja a rostro descubierto o utiliza una máscara. En el segundo caso, los efectos de la agresión son mucho más devastadores: un niño o un adolescente al que ha pegado o violado alguien a quien no ha visto no puede hacerse ninguna representación del agresor y puede temer cruzarse con él en cualquier momento. Una duda que le hace vivir en la angustia permanente, asustado cada minuto de su vida tras la agresión, y que dificulta el olvido y la «curación».

Todo depende de la agresión

También hay que evocar el tipo de agresión, su intensidad y violencia. Desde el punto de vista de los efectos posteriores, hay diferencias entre los golpes y los insultos, incluso si estos últimos, como se ha comentado, pueden ser muy dolorosos. Cuando ha habido golpes, la víctima debe curar a la vez las marcas corporales que deja una agresión física (a menudo hematomas pasajeros, pero quizá también una cicatriz visible y definitiva) y los daños psíquicos (el miedo, pero también toda una retahíla de sentimientos que desarrollaremos más adelante).

El impacto especialmente traumatizante de la violencia física parece también muy nítido en los casos de violación: para un niño —aunque el daño será de todas maneras devastador— las consecuencias de un abuso sexual serán a menudo más nocivas si el agresor ha actuado con brutalidad que si ha «seducido» o «persuadido» a su víctima mediante caramelos u otros regalos. Lo mismo sucede con una adolescente, según hayan abusado de ella a golpes o bien sin violencia, bajo el efecto del alcohol u otra sustancia que en parte disminuía su lucidez y su capacidad de resistir. Por último, la dimensión de la sorpresa desempeña un papel primordial. Cuanto más imprevisible sea la agresión, peores pueden ser sus efectos. Si nos cogen por sorpresa, no podremos recurrir a ningún recurso de defensa, nos entregamos «desnudos» y sin protección alguna al atacante. Realmente se produce una fractura en la mente de la víctima, y eso duele.

Vergüenza y culpabilidad, al unísono

El alcance de una agresión puede ser muy variable de una persona a otra. Sin embargo la inmensa mayoría de las víctimas experimentará casi con total seguridad dos sentimientos ineludibles: la vergüenza y la culpabilidad. Primero la vergüenza: «¿Qué van a pensar mis amigos cuando sepan que no he sido capaz de defenderme o de resistir? Me van a tomar por un débil, un cobarde, un rajado», se dirá el adolescente al que han pegado o chantajeado. «¿Qué imagen de mí van a tener mis amigas o mi novio cuando se enteren de que me han violado?», se preguntará la adolescente sexualmente agredida.

A continuación, viene la culpabilidad: «Estos tíos que me insultan cada día en el colegio, después de todo quizá tengan razón. No valgo nada, como ellos dicen, porque no me sé defender de ellos», tendrá tendencia a pensar un niño víctima de agresiones verbales repetidas. «Si mi papá hace cosas sexuales conmigo, es porque yo lo he provocado. Por otra parte, él me lo ha dicho. Soy una niña muy mala. Si mamá supiese lo que hago con papá, le daría mucha pena y ya no me querría», se acusará una pequeña víctima de incesto, incluso si no lo formula con tanta claridad y sus elucubraciones se producen dentro de su inconsciente.

¿Cómo es posible esta inversión de la situación, de papeles? ¿Qué empuja a una víctima a asignarse el papel de culpable? Según los psicoanalistas, se trata de un mecanismo de defensa. Nada es más per-turbador que sufrir un hecho doloroso sin saber las causas: si es necesario, nos inventamos las explicaciones, las creamos. En el caso de una agresión, la víctima no entiende nada de lo que le pasa. Por tanto, imagina una respuesta que, aun siendo absurda, como mínimo tiene el mérito de ser una respuesta. «Sin duda me han hecho esto por buenos motivos, seguramente me lo merezco», podría ser la explicación que encuentra la víctima para solventar el carácter totalmente gratuito, injusto e inexplicable de la agresión.

Un curioso síndrome de identificación

Más sorprendente aún: no contenta con disculpar a su agresor e incluso convertirse en su fiador, la víctima puede llegar hasta a identificarse con él. Es una manera de llevar más lejos todavía el mecanismo de defensa que se ha disparado. «Puesto que mi agresor tiene razón, quisiera parecerme a él y una parte de mí puede identificarse con él», piensa entonces la víctima, claro está que de manera inconsciente.

Este fenómeno lo describió por primera vez en los años setenta del siglo pasado un psiquiatra estadounidense que lo llamó «síndrome de Estocolmo», inspirado por un hecho extraño. En 1973, unos delincuentes tomaron como rehenes a los clientes de un banco de la capital sueca. Durante la cohabitación forzosa, que duró varios días, rehenes y raptores entablaron conversación: los secuestradores explican a sus prisioneros los motivos que los han impulsado a someterlos a cautiverio de tal manera que los rehenes se unen a su causa y salen voluntariamente los primeros en el momento del asalto policial, para servir de escudo a los delincuentes. El colmo de la historia es que después se negaron a denunciar a sus raptores, a prestar testimonio contra ellos en el proceso y los visitaban habitualmente en la cárcel. ¡Incluso una rehén acabó casándose con uno de sus raptores! Esto muestra que la identificación de la víctima con su agresor puede transformarse por paroxismo en simpatía, incluso en amor.

En ese hecho en concreto no hubo ninguna violencia física, pero puede observarse que se produce el proceso de identificación que también sucede en las agresiones con daños físicos, quizá todavía con más motivo. Cuando el trato padecido ha sido muy degradante, la víctima horriblemente humillada y mancillada se siente igual de «mala» que el agresor, tiene la sensación de que se le parece.

El estrés del «después» inmediato

Además de las sensaciones vividas, por definición íntimas y no perceptibles, puede observarse de manera muy visible toda una serie de síntomas físicos en las horas, quizá los días, que siguen inmediatamente a una agresión. Frente a un ataque, un individuo adopta normalmente dos tipos de reacción: huir o pelear, «*flight or fight*», como dicen los especialistas anglosajones. Estos comportamientos se deben a nuestro instinto de supervivencia, heredado de nuestros distantes ancestros que tenían que protegerse de depredadores y de los ataques de las tribus enemigas. Se puede objetar que esto es un poco simplista, porque una persona agredida también puede mostrar una actitud más racional, más elaborada, como hablar con el agresor para intentar que razone. De acuerdo, pero haría falta no estar totalmente desarmado por la sorpresa, inhibido por el miedo. Pese a que la humanidad ha evolucionado, no nos hemos librado de esos reflejos innatos y primarios que se parecen, hasta el punto de confundirse, a los de los animales. En caso de peligro, cuando el espíritu no consigue ya pensar más, es el cuerpo el que toma la palabra en primer lugar.

Ante una amenaza, nuestro organismo hace acopio de todas sus fuerzas para enfrentarse y ponerse en estado de combate o de echar a correr. Es una fase de estrés agudo y se trata sobre todo de una reacción química: producimos determinadas sustancias, las hormonas del estrés. La más conocida es la adrenalina, pero también se secretan otras y las consecuencias son que el ritmo cardiaco se acelera, la presión de la sangre en las arterias aumenta, la sangre es transportada con urgencia hacia el cerebro para incrementar al máximo la vigilancia y hacia los músculos para volverlos operativos; estos, por último, se contraen.

El cuerpo está ya preparado para saltar o huir, aunque su funcionamiento está también totalmente trastornado y esas perturbaciones pueden prolongarse durante las horas que siguen a la agresión. Un niño o un adolescente víctima de un robo por tirón, del robo de las zapatillas de deporte o la cazadora en el metro o de una agresión verbal especialmente violenta, sentirá el corazón palpitar, el estómago que se contrae, la falta de resuello, las piernas que flaquean, los brazos que tiemblan, el sudor que le perla la frente durante un buen rato tras el acontecimiento. También se producen estados de entorpecimien-

to, de estupefacción o de mutismo que pueden per-
durar varias horas. Es el rechazo físico: hay que dejar
tiempo para que la reacción de estrés pase y «baje».
Durante un día o dos, la persona agredida podrá incluso estar especialmente angustiada, tener dificul-
tad para dormir, mostrarse irritable. Después todo
volverá a su orden.

En este punto conviene aclarar que algunas
agresiones no engendran fase de estrés agudo. Es el
caso de los incestos o de la violencia sexual practi-
cada por una persona cercana a la familia, en los
que el niño conoce muy bien al agresor y piensa que
lo que padece es normal. Más adelante, crecen y,
gracias a lo que ven fuera de casa, en las familias de
amigos y amigas, entienden que el «amor» de su padre, de su padrastro o de su tío y, sobre todo, su manera de expresarlo no tenían nada de normal. Entonces aflora el trauma.

Algunas semanas o meses más tarde...

Este es el momento de distinguir la reacción inme-
diata de estrés (acabamos de constatar que, aunque sea grave, sólo es transitoria y de corta dura-

ción) de la auténtica neurosis traumática. La neurosis no aparece enseguida, sino semanas, meses, a veces incluso años después de la agresión. Todo se desarrolla como si el niño o el adolescente aparentemente hubiese «digerido» bien ese episodio doloroso: pasado el estrés de las primeras horas, ya no habla más de ello, parece haber borrado el acontecimiento.

Sin embargo, mucho más tarde, cuando ya creíamos la cuestión olvidada y enterrada definitivamente en el pasado, la joven víctima empieza a presentar síntomas curiosos que, por otra parte, de entrada no se relacionarán con la antigua agresión. La chica «arrastra» una fatiga irreprimible, le duele el estómago u otra parte del cuerpo sin que pueda encontrarse una causa médica u orgánica que justifique este dolor, tiene pesadillas recurrentes, se sobresalta con el menor ruido, su carácter cambia completamente, se aísla de sus relaciones sociales habituales, ya no puede frecuentar determinados lugares, lleva a cabo estratagemas para evitar ciertas situaciones, revisa permanentemente la escena de la agresión en imágenes (es el síndrome de repetición), cree reconocer en todas partes a su agresor. Se han dado casos de chicas violadas, por ejemplo, que ya no podían tumbarse sin sofocarse, porque en esa misma posición habían padecido las ofensas de su agresor. O bien, adolescentes gravemente perturbadas en su vida afectiva y sexual, o incluso víctimas que han perdido completamente el sueño pues dormir es bajar la guardia.

Todos estos síntomas, tomados en conjunto o por separado, constituyen trastornos postraumáticos. En realidad, la mente no ha logrado integrar ese conflicto y superarlo, y lo manifiesta «como puede».

Frente a un niño que ha sufrido una agresión, es de especial importancia permanecer vigilantes y observar, naturalmente sin que parezca que le espiamos o le sometemos a interrogatorios, si de repente se vuelve diferente, incluso mucho tiempo después de los hechos, o si adopta comportamientos «raros». Sin duda no ha podido asumir el problema y necesita ayuda (se trata más adelante en otro capítulo). Contra lo que podríamos pensar, una vez instalado, el trauma no se pasa con el tiempo, no se borrará como por milagro. Al contrario, se enquistará más profundamente y se volverá cada vez más doloroso... Por tanto, es mejor procurar que este proceso no se asiente.

Lo esencial

Los efectos de una agresión varían de una víctima a otra en función de su personalidad, de la del agresor y de las circunstancias.

Casi todas las víctimas sienten vergüenza y culpabilidad, algunas incluso llegan hasta a identificarse con el agresor.

La mayoría de los niños y los adolescentes agredidos pasan por una fase de estrés agudo justo después de la agresión.

A veces los síntomas postraumáticos aparecen semanas o meses más tarde.

Capítulo 4

El papel de los padres en todo esto

Ningún padre puede permanecer neutral ante la agresión que ha sufrido su hijo, pequeño o adolescente. Pero a veces, se deja invadir por los sentimientos y su implicación se torna en exceso y confusión... con el riesgo consecuente de no ser de ninguna ayuda para su hijo o su hija.

Del miedo normal al terror excesivo

Tras la agresión contra un hijo pequeño o adolescente, la mayoría de los padres se sienten invadidos por el miedo. Miedo retrospectivo a lo que habría podido suceder, todavía más grave. Miedo «prospectivo» a que eso vuelva a pasar. Es un sentimiento completamente normal que se diluye con el tiempo, a medida que el conflicto inicial se aleja y que se recupera la vida cotidiana. Pero a veces, el miedo de los padres se amplifica y se instala, e impide que toda la familia reanude su vida habitual. Una madre no soportará la idea de saber a su hija sola en la calle cuando ya está oscuro desde que la siguió, la insultó y la golpeó violentamente un individuo a la salida del instituto: se las apañará para ir a buscarla todos los días, lo cual quizá provoque que la chica se avergüence. Un padre rechazará sistemática e inapelablemente las excursiones escolares para su hijo desde que este sufrió tocamientos por parte de un monitor de colonias durante las vacaciones: con su reacción, aísla a su hijo de sus amigos de la escuela y de la vida comunitaria de la clase.

¿Por qué algunos padres, y no todos, caen en estos excesos, se dejan desbordar por una emoción en principio legítima? Una hipótesis, entre otras: este acontecimiento les hace volver a vivir inconscientemente una agresión pasada de la cual han sido víctimas y que no han superado. Dejan salir finalmente el miedo que sintieron en esa época y que desearían silenciar absolutamente, pero ahora todo remonta a la superficie, de la misma manera, por ejemplo, que un duelo lleva inevitablemente a rememorar todos los demás duelos anteriores.

Pero si no hay reactivación de una agresión antigua, ¿cómo explicar esta angustia que se torna en fobia? La causa de este «desbordamiento» también debe buscarse sin duda en algunas fragilidades personales de los padres, en las fortunas y miserias de su historia. Es importante ser muy consciente de que costará mucho ayudar a un hijo a superar esta agresión, si uno mismo está en ese estado... Así, si siente que el terror empieza a invadirlo todo, puede ser útil recurrir a un especialista. Este puede ayudar al progenitor a dar respuesta a la pregunta siguiente: ¿qué ha despertado en mí la agresión a mi hijo, qué herida sin cicatrizar ha vuelto a sangrar?

Mi hijo, carne de mi carne

Otro paso obligado es la implicación. En efecto, la mayoría de los padres se sentirán heridos muy personalmente tras la agresión a su hijo. Un poco como si ellos mismos hubiesen vivido este ataque en su cuerpo y su mente.

Esta forma de empatía no es nada sorprendente. Desde un punto de vista psicoanalítico, el niño no es más que la prolongación de sus padres.

Mi hijo ha sido agredido

Tener un hijo es perpetuarse: por él la familia perdura, en él continuaremos existiendo cuando ya no estemos. Un niño no sólo nace de la carne de sus padres, sino que es también un poco su propia carne. Que le toquen un solo pelo, es atacar y herir también a sus progenitores.

Pero a veces algunos padres llevan esta reacción al paroxismo: llegan a desarrollar síntomas postraumáticos sorprendentemente similares a los que puede presentar la propia víctima. Problemas de sueño, nerviosismo, irritabilidad, es decir, de la empatía se pasa a la identificación total, a la confusión absoluta. Este exceso es bastante lógico: habríamos preferido ser elegidos como objetivo por el agresor antes que nuestro hijo y podemos acabar «imitando» su trauma. Pero, en lo más profundo, sin duda hay una ausencia de distancia entre este tipo de padres y su hijo: cada uno vive probablemente en dependencia del otro, sin espacio personal. El resultado es que alegrías, penas y pruebas se viven en un cierto desorden, sin que se sepa realmente qué pertenece a quién. También hay que destacar que esta propensión puede llegar a ser peligrosa. ¿Cómo podremos apoyar a nuestro hijo si nosotros mismos somos incapaces de tomar la más mínima distancia con relación a un hecho que no hemos vivido directamente? Una vez más, la intervención de una tercera persona sin duda podrá evitar que el niño víctima y sus padres se hundan en una total confusión de emociones.

Culpables, sí pero...

Es muy poco probable que los padres escapen al sentimiento de culpabilidad, pero podrá expresarse de manera completamente diferente según cada personalidad. Una de las misiones esenciales de los padres consiste en proteger a sus hijos de los peligros exteriores y también de enseñarles a defenderse por sí mismos. Una agresión significa, pues, un fracaso en esta tarea y se entiende que los padres en esos casos se sienten que han fracasado en su responsabilidad.

«Si no hubiese matriculado a mi hijo adolescente en ese colegio que frecuentan malas compañías, no lo habrían chantajeado.» «Si no hubiese dejado a mi hija ir a esa fiesta, no la habrían violado.» Este tipo de reproches retrospectivos y de autoinculpación pueden ser frecuentes. El sentimiento de culpabilidad es todavía más fuerte cuando el agresor toma el rostro de una persona conocida de los padres, un amigo, un vecino, un miembro de la familia. ¿Cómo no sentirse culpable de haber dejado entrar al «lobo» en casa, de no haber visto nada? A veces, esta sensación acaba siendo insoportable.

Ante este peso difícil de soportar, algunos padres encuentran un alivio achacando su falta a otros. No pueden aceptar su culpabilidad o incluso sólo su responsabilidad y acusan a otros: a su hijo, por no haber sabido defenderse; a su pareja, por haber concedido un permiso imprudente; al canguro, por haber fallado en su tarea de vigilancia. No importa quién sea el chivo expiatorio que les permita descargar el peso de su propio malestar.

¡No quiero saber nada!

Otro tipo de reacción que puede observarse por parte de los padres es la negación. Algunos padres tachan de mentiroso o fabulador al niño o al adolescente cuando intenta hablar de la agresión de la que ha sido víctima. Una actitud que puede parecer especialmente chocante, pero que se explica muy fácilmente y es muy habitual en los casos de incesto o pedofilia. Para una mujer, por ejemplo, aceptar que su marido o su compañero abusa sexualmente de su hijo es también reconocer que se ha equivocado en la elección de pareja, que no ha visto nada o no ha querido ver nada durante meses o incluso años, que ha puesto a su hijo en peligro y no ha sido capaz de protegerlo. ¿Hay un papel menos halagüeño y más acusador para una madre? Creer y apoyar al hijo víctima del incesto es también prepararse para la explosión de la célula familiar. Hace falta tener fuerza y equilibrio para soportar esta perspectiva... Hay muchos motivos que pueden llevar a un progenitor a preferir cerrar los ojos y refugiarse en la negación.

A veces, la negativa a creer a su hijo procede de otras causas, especialmente de la vergüenza. A algunos padres les cuesta muchísimo aceptar que su hijo haya podido dejarse dar una paliza o chantajear sin oponer la más mínima resistencia y sin salir victorioso de esa relación de fuerzas. Este acontecimiento les devuelve una imagen poco gratificante de su vástago, o en todo caso no coincide con las esperanzas fundadas en él. Frente a este insoportable ataque narcisista, algunos padres ocultarán deliberadamente la agresión.

También puede suceder que los padres no lleguen a la negación y se contenten con adoptar una posición de retirada, esto es, pasan a comportarse exactamente como si no hubiera pasado nada. Si su hijo empieza a explicarles las circunstancias de la agresión, se las arreglan para cambiar de tema. Cuanto menos sepan, mejor lo llevarán. Se trata de una tentativa de protegerse contra imágenes insoportables: imaginar y visualizar a su hijo en una situación de peligro absoluto, violentado y mancillado, es especialmente doloroso. El problema es que la joven víctima está ahí, quizá con la necesidad en ese momento exacto de hablar, de explicar, de confiarse. Otra violencia, tras la de la agresión, la de no encontrar un oído solícito... Atención, pues, a esta posible deriva.

Por último, a veces podemos vernos tentados a minimizar la agresión, a considerarla como un pequeño incidente sin importancia, lo cual impide que veamos las eventuales consecuencias y que afrontemos el sufrimiento del niño. Si se considera un chantaje como una broma de adolescentes, los golpes de cinturón como una medida educativa, evidentemente todo es mucho más fácil de sobrellevar.

Del restablecimiento al ensañamiento

Tras la agresión contra el niño o el adolescente, algunos padres reaccionan pidiendo reparación. Si el niño ha sufrido heridas físicas, pueden recurrir, por ejemplo, al seguro que tengan contratado para obtener una indemnización. Tras una violación o un chantaje, presentan una denuncia e inician un procedimiento judicial. Si la víctima ha sido insultada verbalmente, algunos padres pueden exigir las disculpas del agresor. Con estos trámites, los padres buscan «reparar» la ofensa que su hijo ha sufrido y «repararse» a sí mismos por la culpabilidad, el miedo, la vergüenza que han podido sentir. Hace falta un culpable para todos estos trastornos y, sobre todo, que ese culpable pague en todos los sentidos del término. Esta actitud no es nada sorprendente y puede hacer bien al niño. Imagine su desconcierto si sus padres permanecieran inmutables ante su desgracia y no manifestaran la más mínima reacción, quiénes mejor que ellos para defenderlo, incluso retrospectivamente. No es algo gratuito que la ley asigne a los padres la carga de representar la parte civil cuando hay un proceso tras la agresión de un menor (ver el capítulo 6). Pero hay que ir con cuidado con despistarse porque, a veces, el deseo de reparación puede tornarse en ensañamiento. Cuando un procedimiento se eterniza o cuando una indemnización no nos satisface, también hay que saber ceder o, al menos, tomar distancia. Si en la vida de la familia todo gira en torno a esta cuestión, se corre el riesgo de perpetuar el trauma de la agresión o crear otro secundario.

Peligrosa venganza

Otro riesgo en el que fácilmente se incurre es el de la venganza. Primero hay que decir que nada es más legítimo que el deseo de vengarse, de pagar al agresor de nuestro hijo con la misma moneda. Se trata de reacciones fantasiosas de odio y de violencia completamente normales: pocos padres escapan a ellas porque constituyen una derivación necesaria. Fulano ha pegado a su hijo adolescente y usted sueña con molerle a palos. Mengano ha tratado a su hija de «idiota» o, peor aún, de «marrana» y ya se ve descargando sobre él insultos peores. Estos escenarios imaginarios naturalmente pueden llegar hasta el crimen: se desea la muerte del ser que ha herido cruelmente a nuestro hijo, su integridad física o sexual.

Pero entre tener fantasías relacionadas con la violencia y llevarlas a la práctica, hay una gran diferencia, el paso a la acción. Afortunadamente, en la mayoría de los casos, los padres son capaces de «sublimar» estas pulsiones agresivas, es decir, de dejarlas en su categoría de ideas y pensamientos, sin transformarlas en acciones concretas. Cada uno encuentra su propia estrategia para «elaborar» sus instintos de violencia: unos se liberan haciendo más deporte que de costumbre o refugiándose en el trabajo. Otros hablan del tema en su entorno familiar o profesional. Otros creen firmemente en la función de la justicia y en su capacidad de encargarse del castigo de los agresores. Otros, por último, hablan con el agresor, provocan un cara a cara con él.

Pero no hay que olvidar que no es lo mismo ir a ver al chantajista de nuestro hijo para advertirle de que deje sus maniobras o tendrá que vérselas con un adulto que amenazarle con un arma o darle una tunda en una calle desierta con la ayuda de otros adultos. En el primer caso, hay una necesidad de actuar para atenuar la tensión, aligerar un estrés excesivo, pero siempre dentro de los límites de la legalidad y, sobre todo, sin realizar las fantasías. En el segundo caso, hay un paso a la acción, una sumisión a las pulsiones.

Esta última actitud no le hace ningún favor a nuestro hijo. ¿Qué puede suceder si la víctima constata que no hay otros medios de responder a la violencia que con más violencia, que es un modo de expresión legítima y valorada en la familia? El riesgo es que la víctima se transforme en agresora en el futuro. Por otra parte, tomarse la justicia por su mano está prohibido y castigado por la ley. Si los padres se colocan al margen de la ley, no pueden esperar que su hijo la respete en el futuro, no podrán servir de modelo y de «guía» a su hijo adolescente para que crezca bien.

Lo esencial

Como su hijo es su prolongación, los padres forzosamente se sienten afectados por cualquier agresión que pueda sufrir.

El miedo es una reacción que se observa normalmente entre los padres. Hay que prestar atención cuando se convierte en invasor, porque puede impedir que el niño se «cure».

Para protegerse de un sentimiento de culpabilidad o de un sufrimiento demasiado intenso, algunos padres niegan la agresión sufrida por el niño o el adolescente.

Si bien el deseo de venganza es legítimo, debe permanecer en estado de fantasía, sin pasar a la acción.

Capítulo 5

Cómo ayudar
a su hijo

¿Los padres son los más indicados para dar apoyo a su hijo agredido? ¿Es obligado llevarle a la consulta de un «psicólogo»? Y si niega la agresión, rechaza hablar y confiarse, ¿cómo reaccionar? Hay tantas preguntas que necesariamente tenemos que plantearnos...

Evitar los excesos

La ayuda más eficaz que se puede aportar al hijo víctima de una agresión pasa por una reacción mesurada: la que escapa a las trampas de la dramatización a ultranza o a lo contrario, la minimización excesiva. No nos cansaremos de repetir los peligros para las jóvenes víctimas de tener padres que sufren en su lugar o, al contrario, que niegan su dolor.

Mi hijo ha sido agredido

En el primer caso, el niño sólo existe a los ojos de su padre y de su madre como víctima, sólo se lo toma en consideración a través de la agresión sufrida. El niño no podrá superar y tomar distancia, quedará encerrado y petrificado en su estado de «agredido», donde podría vegetar sin fin.

En el segundo caso, el niño puede quedar tan afectado y herido por la negación de sus padres que a veces optará por una actitud reivindicativa —que se manifestará en forma de agresividad, trastornos graves del comportamiento, asunción de riesgos, etc.— con el fin de llamar la atención a cualquier precio sobre él y su malestar o para «castigar» a sus padres por su indiferencia. Una escalada peligrosa en perspectiva...

El problema (ya lo hemos visto en el capítulo anterior) es que los padres caen normalmente en estos excesos de manera totalmente inconsciente. Entonces, ¿cómo evitar estos escollos? Sin duda hay que poner más atención a las reflexiones del entorno familiar: pareja, miembros de la familia, amigos, etc. Si varias voces le hacen notar que se toma demasiado a pecho la agresión contra su hijo, o bien al contrario, que calla deliberadamente al respecto, escúchelos sin sentirse cuestionado ni molesto. Quizá ne-

cesite la ayuda de un especialista para intentar des-
cifrar las razones ocultas de su comportamiento...
Después de todo, asumir la agresión contra un hijo
no es cosa fácil y no hay que avergonzarse por buscar apoyo exterior para no hundirse u ofuscarse por
la indignación y reaccionar inadecuada o incluso
nocivamente. La ayuda psicológica en ningún caso
debe ser sólo para la víctima y puede perfectamente ampliarse al resto de la familia.

La palabra, sí... pero no a cualquier precio

Es importante encontrar una buena perspectiva del
asunto, permanecer en un justo medio. Para apoyar
a nuestro hijo en esta prueba, hay que saber hablar
con él, escuchar, abrazarle, reconocer la agresión
de la que ha sido víctima en su justa medida aunque
sin exagerar.

Examinemos especialmente el tema de la palabra. Se le atribuyen muchas virtudes: la palabra sería
especialmente liberadora e incluso reparadora. Sin
duda lo es, pero hay que tener en cuenta en qué
condiciones. Ante un niño o un adolescente que no
desea explicar a sus padres las circunstancias de la

agresión, que a todas luces no quiere volver sobre este hecho doloroso, sobre todo no hay que creer que asediarle con preguntas para hacerle hablar le liberará. Hay actos padecidos, en los casos de violencias sexuales o de gran humillación especialmente, que es difícil nombrar o describir con detalle... Este tipo de pseudocatarsis por la palabra, en realidad sólo «raspará» la herida, enquistará el dolor, un poco como si al forzarle a hablar, se obligara a la joven víctima a asistir otra vez a su agresión en directo.

Estas reservas no suponen, evidentemente, que hay que huir del diálogo con el niño porque haya sido agredido. Naturalmente, mantener el contacto con él es primordial, pero quizá sea mejor hablar de todo y de nada a la vez o de lo que pueda parecer tal: de su vida en el colegio, de sus amigos, de sus actividades deportivas, de sus salidas. Estas conversaciones cotidianas son el mejor medio de garantizar que el niño o el adolescente agredido ha podido reanudar una vida normal, que continúa o ha retomado un desarrollo psicoafectivo satisfactorio con sus centros de interés y una vida social idéntica a la de otros jóvenes de su edad: se sentirá escuchado y apoyado —sin necesidad de evocar directamente la agresión— y eso es lo esencial.

Frente al silencio

Puede suceder que un niño o un adolescente re-
chace reconocer que ha sido víctima de una agresión. Por miedo a las represalias, por vergüenza, para protegerse de demasiados sufrimientos: las
causas de su silencio pueden ser múltiples. Pese a
todo, los padres por su parte pueden sospechar
que ha pasado algo grave: porque su hijo dice que
ha «perdido» varios objetos de valor; porque ha lle-
gado a sus oídos que se han producido casos de
chantaje en la escuela a la que el niño asiste; porque en un momento dado ha presentado síntomas
de estrés agudo (ver el capítulo 3); porque tras algunas semanas sus resultados escolares caen en
picado o padece insomnio; porque parece muy
preocupado por los temas relacionados con la sexualidad o, sorprendentemente, utiliza términos subi-
dos de tono para su edad. Hay muchos aspectos
que pueden inquietarnos... ¿Hay que insistir, sin embargo, ante el pequeño recalcitrante para que se
confíe? Una vez más, actuar con tacto es indispensable.

Si tras haberle dado confianza, haberle plantea-
do algunas preguntas sin que parezca un interroga-

torio, el niño no quiere decir nada, quizá es el momento de intentar que intervenga una tercera persona con la que tal vez se muestre más comunicativo. Un profesor que aprecia, un monitor de deporte, el médico de familia, si tiene confianza en él y buena relación, un primo más mayor, un tío, una tía, cualquier adulto capaz de escuchar será bienvenido y podría provocar una reacción.

¿Y por qué no un agente o un oficial de policía? Si está seguro de que su hijo es víctima de un chantaje o de que ha sufrido tocamientos sexuales, los hechos deben remitirse a la esfera judicial: se impone denunciar (ver el capítulo 6).

Frente a un representante de la ley, la joven víctima quizá podrá encontrar el coraje y los recursos para hablar, porque se sentirá protegida. Tal vez no explicará los hechos en detalle, pero como mínimo reconocerá lo que ha pasado y esto será ya un primer paso. Naturalmente, si los padres le imponen este trámite pueden temer que su hijo se sienta acorralado, que tenga la sensación de que le han tendido una trampa o incluso que piense que ha sido traicionado por sus propios padres. En un momento de cólera, podría expresarse así, pero sin duda también se sentirá muy aliviado...

Acudir o no al psicólogo

Otra pregunta importante: ¿forzosamente hay que llevar al hijo agredido a la consulta de un psicólogo? Nuestra respuesta es clara: no, no necesariamente. A menudo se considera a los especialistas de la psique humana como una especie de magos con poder de impedir que el trauma se instale si recurrimos a sus servicios tan rápido como sea posible tras la agresión, lo cual obviamente es falso.

Ningún estudio realizado sobre los efectos de las sesiones de *debriefing* propuestas tras atentados, accidentes graves o catástrofes naturales en el marco de los famosos grupos de apoyo psicológico de emergencia ha podido establecer la eficacia curativa de este procedimiento. Es decir, la ayuda de un psicólogo inmediatamente después de la agresión puede servir para alertar a los padres sobre los síntomas cuya aparición deben vigilar en su hijo en las horas y las semanas siguientes a la agresión pero, por lo demás, no garantiza que no desarrolle un trauma. En este ámbito, la magia no existe.

Una buena actitud consiste sin duda en darse un poco de tiempo, para ver cómo reaccionará su hijo a la agresión. Algunas personas tienen una gran capacidad de adaptación y, por tanto, debemos dejarles una oportunidad para entrar en acción. Sin embargo, no precipitarse hacia un psicólogo no significa evidentemente desinteresarse por su hijo: hay que permanecer muy expectantes para poder descubrir eventuales signos inquietantes (se han comentado en el capítulo 3). Si los síntomas llegan a aparecer y, sobre todo, a instalarse, será mejor pedir consejo a un especialista.

Entonces, habrá que averiguar a quién consultar y quién será mejor interlocutor: psicólogo, psiquiatra o psiquiatra infantil. Se puede empezar por acudir al médico de familia: conoce bien al niño, probablemente también a sus amigos, así como la red de asistencia sanitaria del barrio o del pueblo, y está muy bien situado para dirigir a los padres un poco desorientados. Lo importante es saber que tanto el psiquiatra como el psiquiatra infantil son médicos, aunque el segundo se ocupa exclusivamente de niños, y que, por tanto, pueden aportar un diagnóstico médico, prescribir un tratamiento en caso, por ejemplo, de depresión, ideas suicidas o de trastornos del humor. Los psicólogos no son médicos, por lo que no pueden recetar medicamentos, y se ocupan del buen desarrollo de la personalidad. Por ejemplo podrán ayudar a un niño que sufra de miedo como consecuencia de su agresión, o con tendencia a encerrarse en sí mismo. Una vez expuestas las diferencias, sería una lástima detenernos si termina en «-atra» o en «-logo» la profesión de una persona de la que hay que tener en cuenta las cualidades humanas y profesionales, y sobre todo la capacidad de inspirar confianza a nuestro hijo.

Quizá el niño o el adolescente no quiera acudir a la consulta. Está muy difundida la idea de que no se puede forzar la asistencia al psicólogo, porque el tratamiento sería totalmente ineficaz sin la adhesión del principal interesado, y en parte es verdad, pero no completamente: si su hijo tiene la gripe o le duele la barriga, no le pedirá su opinión para llevarle al médico; igualmente ante una joven víctima de agresión que presente síntomas preocupantes de trastornos del comportamiento, no puede permitirse vacilar demasiado tiempo. Se impone la visita a un psiquiatra, aunque el joven no esté de acuerdo. El especialista se encargará de hacer su trabajo, de encontrar un medio de entablar el diálogo. Para convencer al niño o al adolescente, no olvide recordarle que psicólogos y psiquiatras están sujetos al secreto médico: nada de lo que le explique podrá repetirlo a los padres o a cualquier otro si él no lo desea, excepto en el caso de malos tratos graves, en que el profesional no puede guardarse esa información. Hay que saber también que si denuncia y los hechos llegan a la fase de instrucción, su hijo deberá presentarse ante expertos en psicología y en psiquiatría (ver el capítulo 6). Se tratará de profesionales habituados a escuchar y a hacerse cargo de víctimas jóvenes.

Colmarlo de atenciones, pero no demasiado

Un objetivo debe guiar a los padres: que su hijo consiga llevar una vida tan parecida como sea posible a la que llevaba antes de la agresión. Es más fácil de decir que de hacer, porque rápidamente nos tienta la hiperprotección, sobre todo porque además nos sentiremos culpables de no haber sabido protegerle y en parte responsables de lo sucedido. Por desgracia, mimar a un niño o a un adolescente en exceso, querer borrar toda amenaza de su vida cotidiana, únicamente produce un resultado: no sólo le recuerda a cada momento la agresión y le mantiene prisionero de ese hecho, sino que también le impedirá restablecer la situación y forjarse las armas con las que eventualmente se defenderá en el futuro (ver el capítulo 7). Sería un poco como si en lugar de enseñar a un ciego a reparar en los obstáculos, le lleváramos constantemente del brazo repitiéndole sin parar: «No te puedo soltar, porque eres ciego, te caerás y te harás daño».

Pero, entonces, ¿qué se puede hacer concretamente? ¿Actuar como si no hubiera pasado nada? Ya hemos visto que eso es imposible. Lo ideal es observar sutilmente al niño y estar a su disposición, para lo que diga o lo que calle. Por ejemplo, observa que ha renunciado a seguir con los entrenamientos del deporte que practicaba. Encuentra mil motivos para justificar dicha renuncia (está cansado, está harto), pero usted nota que en realidad tiene miedo de volver solo porque a esa hora ya es de noche. Sin insistir sobre sus temores, que precisamente él intenta disimular, propóngale, como quien no quiere la cosa, que irá a buscarle con el coche. Dígale que le pilla de camino al volver del trabajo, que como mínimo le ayudará a no eternizarse en la oficina y que le encantará hacer ese trayecto con él: no le faltarán argumentos para librarse del papel de padre preocupado y sobreprotector. En unas semanas —el tiempo que necesite para cambiar de rumbo— recuperará la confianza en sí mismo y le pedirá que no se moleste más.

Mi hijo ha sido agredido

Si siente que puede contar con usted sin tener la sensación de que le invaden o le ponen bajo «tutela», su hijo aceptará tanto más gustosamente su ayuda. Utilicemos una imagen: cuando él se aleja de usted, debe poder constatar que si se gira, usted le podrá ver desde lejos, aunque no intentará seguirlo ni retenerlo. Pero él sólo tendría que tender la mano, si por azar...

Sin embargo, sin ser intervencionistas ni intrusivos, en algunos casos los padres pueden ser un poco más activos. Por ejemplo, si le nota preocupado tras su agresión, con tendencia a salir menos que antes, a ver menos a sus amigos, a repetir ideas negras, puede intentar encontrarle distracciones o estimularlo para que se abra otra vez al exterior. ¿Por qué no le propone que se inscriba a un curso de algo que le hace ilusión desde hace tiempo? También puede organizar un fin de semana con amigos en casa, incluso puede dejarle el campo libre si tiene la edad y que sean los padres los que se vayan a casa de unos amigos. Conseguir que esté satisfecho y al mismo tiempo darle responsabilidades, lo ayudarán a salir adelante. Si es más pequeño, será bienvenida toda actividad lúdica que pueda compartir con él en la que puedan intercambiar ideas y él sienta su presencia. Naturalmente, nunca hay que soltarle: «Va, para que te olvides del exhibicionista que encontraste por la calle, vamos a pasar el día al parque de atracciones». El objetivo justamente es que no tenga la sensación de que su existencia se organiza en torno a ese hecho, que todo gira en torno a «eso».

¿Mudarse? ¿Cambiar de colegio?

La solución de huir del lugar de la agresión aparece a menudo como un recurso salvador. Muchas familias de chicas que han sido víctimas de violaciones colectivas han preferido cambiar de dirección antes que enfrentarse a la mirada de los demás, antes que llevar la pesada etiqueta de la «chica violada en un sótano». Muchos niños que han padecido un chantaje han decidido dejar su colegio para acabar con una reputación de «débil incapaz de defenderse».

Pero ¿partir ayudará realmente al niño? ¿Podrá así pasar página más fácilmente y reconstruir en otra parte una vida más serena, al margen de los cotilleos del barrio, de la falsa compasión, y quizá también liberado del miedo de que su agresor reincida? Es difícil responder brevemente, porque todo depende de la víctima, de la agresión, del contexto.

Mi hijo ha sido agredido

Entonces, por qué no marcharse, aunque sin ver en esto un remedio milagroso. De este modo, un niño que cambia de escuela porque se ha convertido en la víctima propiciatoria de su clase quizá continuará con este papel ingrato en un nuevo colegio, simplemente porque el problema está vinculado a su personalidad, a sus fragilidades. Quizá habría que reflexionar sobre esto antes de poner pies en polvorosa porque, vayamos donde vayamos, llevaremos con nosotros nuestras preocupaciones. Lo que no se puede negar es que optar por un colegio o una escuela menos «difícil» también podrá aligerar el peso de un niño frágil.

Otro peligro inherente al cambio: sobre todo si el chantajista o el agresor sigue siendo «irreductible», cambiar de entorno es como dar razón a la ley del más fuerte y dejar que cuaje la idea de que la víctima tiene algo que reprocharse, puesto que se marcha con la cabeza baja y avergonzado. Tal vez lo mejor sería lo contrario, poder resistir e ir hasta el final: señalar al agresor como tal a los ojos de todos, si es posible denunciarle y al mismo tiempo que todo el mundo reconozca a su hijo en el estatus de víctima. Una vez los papeles estén bien definidos, las cosas estarán más claras, serán menos dolorosas y humillantes para el que ha sido agredido. Así se reunirán las condiciones para evitar, o como mínimo limitar, las insinuaciones, los chismes a sus espaldas. Naturalmente, la joven víctima (y sus padres) tienen que tener las espaldas bien anchas para soportar todo esto. Cada uno debe encontrar sus límites...

Lo esencial

La ayuda más eficaz consiste en no dramatizar demasiado o, lo contrario, minimizar la agresión.

Forzar a un niño o a un adolescente a hablar de su agresión si no desea hacerlo no le liberará de nada, quizá sólo profundizará más en la herida. Es mejor mantener un diálogo sobre temas que pueden parecer anodinos y relacionados: es una manera de evaluar si su hijo ha reanudado su vida normal.

La visita al psicólogo no es un paso obligado, excepto si aparecen síntomas preocupantes.

Cambiar de escuela o de barrio después de una agresión raramente es una solución milagrosa.

Capítulo 6

¿Hay que denunciar?

La violación es un crimen y el chantaje, un delito y difícilmente podemos hacer otra cosa que denunciarlos ante la justicia. Naturalmente, esto puede ser doloroso para la joven víctima. Por eso es importante apoyarla durante todo el proceso judicial, para que al final salga «restablecida».

¡No a la reincidencia, sí al civismo!

En general no se pone una denuncia ante la policía y se inicia un procedimiento judicial por el insulto de un compañero, por muy grave que sea, o por una humillación infligida por un profesor. En cambio, este trámite se impone para todas las agresiones calificadas como crímenes o delitos por el Código Penal: sobre todo en el caso de la violación o la agresión sexual, los malos tratos de los padres hacia sus hijos o un acto de chantaje.

Mi hijo ha sido agredido

Pero uno puede dudar de la necesidad de denunciar, podría preferir callarse, correr un tupido velo, con la esperanza de olvidar esta cuestión desgraciada lo más rápido posible. No obstante, no faltan buenos motivos para no ceder a la tentación del silencio y vale la pena reflexionar sobre ello...

No es fácil pensar en los demás cuando uno mismo se enfrenta a un hecho tan turbador. No obstante, evitar que el agresor vuelva a atacar a otras personas puede ser un argumento que nos haga inclinar la balanza a favor de la denuncia. ¿Cómo no impedir que un chantajista continúe su insidiosa tarea con otro joven, si no es denunciándolo para que le condenen? ¿Cómo estar seguro de que un violador no reincidirá si no va a la cárcel? ¿Cómo se evita que un padre incestuoso moleste a otro miembro de la familia si no se le encierra?

Denunciar en caso de una agresión grave es un acto de civismo y solidaridad. Será una ocasión excelente de explicarle a su hijo que la ley no sólo existe en los libros, que no está vacía de sentido: se trata de un texto que cada uno debe vivir y respetar. Sólo a este precio podemos convivir todos juntos en una sociedad sin que se vuelva una jungla sometida a la ley del más fuerte. A veces hay que tener coraje para asumir responsabilidades, en el sentido colectivo, social e incluso político de la palabra...

Un acto reparador y tranquilizador

Llevar los hechos ante las autoridades policiales, y después eventualmente ante un juez, no sólo es una cuestión de civismo y de altruismo: es algo muy tranquilizador y reparador para el joven agredido. Eso le permite ser reconocido oficial y socialmente como víctima, y además por personas competentes: el reconocimiento no se detiene en la familia y el entorno familiar, *a priori* adherido a la causa del niño o del adolescente, emana también de los representantes del orden y la ley. Le dará más fuerza y le proporcionará una base tangible sobre la cual la joven víctima podrá sustentarse para reconstruirse, también para luchar contra la culpabilidad y la vergüenza que quizá le acongojaban.

Saber que la policía está sobre la pista del agresor, saber de su arresto, de su detención o su puesta bajo control judicial, también es muy tranquilizador. La víctima se siente necesariamente más tranquila si su violador o su chantajista ya no puede perjudicarla

y, por ende, buscar represalias. En los casos de violación, por ejemplo, más del 80 % de los hechos se re-
suelven, porque la víctima conoce a su agresor (esto
ocurre ocho de cada diez veces) o porque la investigación (descripción, huella genética a partir del esperma, etc.) permite llegar hasta él. Por lo tanto, denunciar vale la pena. Sin duda, podría suceder lo
mismo en los casos de chantaje si la ley del silencio
no se impusiera tan a menudo...

Una vez el agresor está encarcelado o puesto bajo control judicial, el procedimiento sigue su curso. Si
los hechos se prueban, continúa con la condena del
acusado y quizá el pago de una indemnización a la
víctima. Una vez más, estas etapas son importantes
simbólicamente: el niño o el adolescente se siente
«reparado» y, sobre todo, tranquilizado sobre el funcionamiento del mundo en el cual vive. Alguien le
ha hecho daño, la sociedad se ha encargado de
«cuidarle» en tanto que víctima y de castigar a su
agresor. Finalmente, obtiene confirmación de que
los principios transmitidos por sus padres (o en todo
caso, por la mayoría de los padres) y sobre los cuales
su mente se ha desarrollado desde su nacimiento
—la trasgresión de una prohibición implica una san-
ción— son muy sólidos. Estamos hablando de prohi-

biciones sociales como el robo, la violación o la pedofilia, pero también prohibiciones familiares como el incesto. Que la institución judicial reafirme unos valores intocables parece una condición indispensable para la curación. Sin embargo, todo este proceso no se puede poner en marcha si no es por iniciativa de las víctimas.

Una cuestión de adultos

Ahora bien, a veces el niño o el adolescente agredido suplicará a sus padres que callen y no denuncien. Siempre por los mismos motivos citados a menudo en las páginas precedentes, la mayoría de las veces por el miedo a las represalias y a la vergüenza de ser señalado con el dedo. ¿Hay que ceder, le ayudará no denunciar nada? Sin duda, no. Algunas decisiones las han de tomar los adultos, evitando que recaigan sobre los hombros de los más jóvenes. Es decir, los padres deben decidir iniciar o no el procedimiento, no su hijo. Por otra parte, desde un punto de vista puramente jurídico, son los únicos que pueden hacerlo si su hijo es menor, igual que constituirse en parte civil en su nombre.

Mi hijo ha sido agredido

Para intentar conseguir a pesar de todo la adhesión de la joven víctima, porque se sentirá mejor cuando empiecen a desarrollarse los acontecimientos, quizá convenga repetir algunas verdades. La principal es que, como acabamos de demostrar, en la mayoría de los casos de agresión, acudir a la justicia protege. También se puede insistir sobre el hecho de que el agresor se expone a fuertes penas. El chantaje, por ejemplo, es un delito. En el Código Penal se describe como robo con violencia y perjuicio a los bienes: «El que, con ánimo de lucro, obligare a otro, con violencia o intimidación, a realizar u omitir un acto o negocio jurídico en perjuicio de su patrimonio o del de un tercero». El chantajista se arriesga a una pena «de prisión de uno a cinco años, sin perjuicio de las que pudieran imponerse por los actos de violencia física realizados». La violación se castiga con penas de prisión de hasta quince años en función de las circunstancias del delito: cuando la violencia o intimidación ejercidas revistan un carácter particularmente degradante o vejatorio; cuando los hechos se cometan por la actuación conjunta de dos o más personas; cuando la víctima sea especialmente vulnerable, por razón de su edad, enfermedad o situación, y, en todo caso, cuando sea menor de 13 años; cuando, para la ejecución del delito, el responsable se haya prevalido de una relación de superioridad o parentesco, por ser ascendiente o hermano, por naturaleza o adopción, o afines, con la víctima; o, por último, cuando el autor haga uso de armas u otros medios igualmente peligrosos, susceptibles de producir la muerte o lesiones. Los tocamientos sexuales forman parte del concepto «abusos sexuales» que introdujo la reforma del Código Penal.

La gravedad de las penas previstas sin duda ayudarán a que su hijo comprenda que lo que ha vivido es grave y merece no quedar en silencio. Denunciar al agresor no es en ningún caso una delación: se trata simplemente de permitir que este sea castigado para que le sea imposible reincidir, puesto que ha hecho algo prohibido por la ley.

Un momento difícil

Si la vía de la denuncia parece la más sensata, no es fácil ni sencilla. Es mejor saberlo y prepararse: enfrentada al «circuito» policial y judicial, la víctima se verá sometida a turbulencias importantes. El trayecto será agotador, a veces incluso doloroso. En efecto, se ha previsto todo para evitar que el menor tenga que explicar muchas veces las circunstancias de su agresión gracias a la especial consideración y tratamiento que se le concede. Sin embargo, deberá «sumergirse» regularmente en el hilo del largo procedimiento, agotador, que puede durar varios años, especialmente para la identificación del agresor, la confrontación con él, los testimonios expertos de psicólogos y psiquiatras.

Todos estos acontecimientos van a provocar la reminiscencia de los hechos pasados e impedirán de momento que se digieran totalmente.

Los expertos intentarán ser lo menos intrusivos posible y proteger al máximo a la pequeña víctima, pero el agresor raramente le dispensará tales atenciones. A menudo, negará los hechos y, peor aún, intentará implicar a su víctima, la acusará de mentir o de haber consentido. Esta se encontrará entonces en la penosa encrucijada de tener que defenderse, de poner a prueba todo lo que ha avanzado...

Los juicios por incesto son especialmente difíciles de soportar para los jóvenes que han padecido el abuso. Además del trauma de la agresión, el niño

también debe asumir la culpabilidad de haber de-
nunciado a su padre o su padrastro: verlo salir con
las esposas puestas entre dos policías no es una imagen que deje a nadie indiferente. También tendrá
que hacer frente a las miradas acusadoras de sus
hermanos y hermanas, por querer privarles de un padre que a ellos no les había hecho nada. Todavía
puede ser más duro soportar el odio de su madre,
dolida porque ha hecho volar la familia en pedazos,
atormentada por la culpabilidad de haber sido
cómplice tanto tiempo del horror y continuar siéndo-
lo. El precio que paga la víctima del incesto por verse reconocida como tal y poner fin a su infierno familiar es muy alto...

Buscar ayuda

Naturalmente, un niño o un adolescente víctima de
agresión ante todo necesita el apoyo de sus padres
durante esta aventura judicial. Pero ellos mismos
pueden sentirse muy vulnerables ante la idea de enfrentarse a un medio que conocen mal, de procedi-
mientos complejos... ¿Dónde pueden encontrar ayuda, explicaciones, consejos?

Mi hijo ha sido agredido

El primer «recurso» que puede ser de gran utilidad es acudir a una asociación de ayuda a víctimas de hechos similares (véase «Contactos útiles»). Las hay en toda España y pueden guiarles en los trámites, informar sobre sus derechos y los de su hijo, familiarizarles con el funcionamiento de la justicia, acompañarles durante el procedimiento…, todo ello a menudo de forma gratuita. Las asociaciones son muy sensibles al sufrimiento psicológico de las víctimas y están dispuestas a ayudar y escuchar.

El artículo 119 de nuestra Constitución establece la justicia gratuita en los términos que disponga la Ley. Otra puerta a la que se puede llamar es la de los ayuntamientos, que suelen contar con oficinas de atención al ciudadano y asistentes sociales, y los colegios y asociaciones de abogados, que velan por facilitar el acceso de los ciudadanos a la justicia. Se puede acudir sin cita y obtener asistencia jurídica gratuita en función de unos requisitos.

Si tiene la posibilidad, es una buena opción recurrir a los servicios de un abogado especializado en los derechos de los niños. Los letrados conocen bien los mecanismos del procedimiento, podrán evitar al niño las sesiones o los careos inútiles, por ejemplo representándole en determinados casos. Sobre todo podrá explicarles claramente el estado de los progresos de su caso. Cuanto más informada esté la joven víctima sobre lo que se decide y sobre lo que concierne a ella y su agresor, más soportable le será esta dura prueba.

Hay muchos interlocutores a los que las víctimas menores pueden dirigirse también directamente si no tienen la oportunidad de que las acompañen y las apoyen sus padres, porque necesitarán la ayuda de un adulto en el proceso judicial. También pueden optar (y sin duda esto será todavía más fácil) por llamar a los diferentes números de teléfono de ayuda a las víctimas (véase «Contactos útiles»): las víctimas podrán confiarse a los interlocutores de manera anónima y obtener todo el apoyo necesario, además de informaciones precisas sobre los trámites que deberán efectuar.

¿Por dónde empezar?

Una vez que se ha decidido denunciar, ¿cómo hay que proceder? Lo ideal es hacerlo lo más rápido posible después de la agresión, naturalmente siempre que el niño o el adolescente se haya confiado a sus padres. Si este es el caso, acuda a la comisaría de la policía local, la policía nacional o autonómica o la guardia civil más cercana. Si vive en una ciudad y se trata de una agresión sexual, acuda al grupo de Menores de la policía judicial: cuenta con el personal mejor formado y más cualificado para tratar a los niños en circunstancias tan graves. La pequeña víctima recibirá un excelente trato y múltiples atenciones. Estará en una habitación tranquila y hablará con una persona cuyo sexo habrá podido elegir. A veces se filma o graba la declaración del menor, para evitar la repetición de interrogatorios sobre los mismos hechos.

El momento de la declaración no será fácil: tendrá que explicar con el máximo detalle posible cómo se desarrolló la agresión: dónde pasó, a qué hora, cómo iba vestido el agresor, qué parecía, si presentaba algún signo digno de mención, qué edad tenía aproximadamente, qué dijo, si hablaba con algún acento especial, qué gestos hizo exactamente, si iba armado, qué exigía. Un episodio en efecto poco agradable, pero que permitirá recopilar un máximo de indicios y de pruebas para detener al autor de la agresión. Naturalmente, si se sabe quién es el agresor, es el momento de dar su nombre, su dirección, si se conoce, o el lugar en el que podría encontrarse.

A continuación, el joven se tomará un tiempo para leer atentamente su declaración junto a sus padres. Si es necesario, antes de firmar, puede pedir modificaciones si el texto no se corresponde con lo que ha querido decir. Un pequeño consejo: pida una copia. Le servirá durante todo el desarrollo del procedimiento judicial, ya que en dos años se pueden olvidar algunos detalles...

En caso de violación, la misma policía llevará a la víctima ante un médico forense que realizará un reconocimiento general y una exploración ginecológica y tomará muestras para analizarlas (por eso es importante acudir sin haberse lavado ni cambiado para no eliminar rastros de esperma, saliva, pelo, etc.). Este examen médico es indispensable, primero para la salud de la víctima: podrán dispensarle cuidados, protegerla contra los eventuales riesgos de enfermedades de transmisión sexual y de embarazo; pero también recogerán elementos de prueba con muestras biológicas, especialmente de esperma, detectarán rastros de violencia, de un estado de choque o de trauma psicológico. Todo queda consignado en un certificado médico que se unirá al resto de documentación. No olvide pedir también una copia de este parte de lesiones.

La policía pasará toda la documentación al juzgado, que decidirá si el caso se instruye y se abre una investigación. Si es así, empezará convocando a la joven víctima ante el juez, las entrevistas con los expertos, los eventuales careos con el agresor, antes del proceso final.

Si su hijo revela la agresión mucho tiempo después de los hechos o si los propios padres han dudado algún tiempo antes de hablar, sepa que dispone de unos plazos para denunciar. Siempre hay tiempo para reflexionar...

¿Y si miente?

Algunos padres dudan si plantear una acción ante la justicia por miedo a que su hijo sea un fabulador y que se lo haya inventado todo. Es una cuestión delicada, en la medida en que puede crear recelos en torno a una persona del ámbito familiar del niño o del adolescente y empañar su reputación para siempre. En materia de pedofilia o de incesto, no se puede acusar a la ligera.

Ahora bien, no son los padres los que tienen que preguntarse si su hijo miente (excepto si lo que dice es total y evidentemente incoherente), sino que es la justicia la que se encargará de demostrar que ha fabulado. ¿Quién mejor que los expertos psicólogos y psiquiatras de los tribunales para detectar si el joven acusador dice la verdad? Hay que recordar que no es muy corriente que un niño invente violencias sexuales. Si ocurre, a menudo es que el pequeño ha sido manipulado por un adulto —el padre o la madre— tras un divorcio conflictivo, por ejemplo, o bien ha querido vengarse de un adulto. Tanto en un caso como en el otro, su actitud destaca un malestar que debe tratar un especialista. No es una mentira inconsecuente y el recurso a la justicia como mínimo habrá permitido aclarar una situación poco sana.

En caso de chantaje, si hay mentira, la cuestión raramente pasará de la fase policial: estos profesionales acostumbrados a los interrogatorios pronto enfrentarán al joven con sus contradicciones. Sin embargo, el hecho de haberse atrevido a empujar la puerta de la comisaría habrá llevado a que emerja la verdad, y a recordar a los padres que su hijo fabulador sin duda sufre o que hay un problema relacional en la familia.

Lo esencial

Denunciar en caso de violación o de chantaje se impone como un acto de civismo.

Es también un trámite reparador para el niño o el adolescente que, gracias a la condena del agresor por un tribunal, se siente oficialmente reconocido como víctima.

El proceso judicial será largo y doloroso, porque impide olvidar la agresión de inmediato.

De ahí la importancia de hacerse acompañar por asociaciones de víctimas o un abogado.

Capítulo 7

Para que eso no vuelva a suceder

Cuando un niño o un adolescente ha sido agredido, se vive con el temor perpetuo de que eso le vuelva a pasar. Afortunadamente, la fatalidad no existe, siempre que se comprenda bien qué ha podido provocar la agresión pasada y se modifique tal vez su comportamiento en consecuencia.

La prudencia, primera parada

Al principio de este libro se ha señalado que la agresión a veces es el resultado del azar, de un cúmulo de circunstancias adversas. Pero también se ha establecido claramente que se puede explicar por una asunción de riesgos de la víctima, más o menos consciente. Cuando un crío acepta caramelos de un desconocido en la calle, cuando una adolescente se pasea en minifalda a medianoche por un barrio desierto, cuando otra desatiende su vaso en la discoteca, de modo que cualquiera puede verter en él la famosa «droga del violador», se exponen a tener problemas...

Pero ¿cómo hacer para que los niños y los adolescentes se tomen en serio las consignas de prudencia transmitidas por sus padres y las apliquen? Gritarle a la hija para que se cambie, diciéndole que «Con esa ropa, vas a atraer a todos los tarados probablemente será poco eficaz. Lo mismo que prohibir a su hijo que vuelva solo del colegio por miedo a un mal encuentro: tarde o temprano tendrá que ir solo por la calle. Sin duda hay actitudes más eficaces para enseñar prudencia, como recurrir a lo pasado.

Si el niño acepta hablar sin que eso le trastorne demasiado, se puede volver sobre las circunstancias de su agresión, analizarlas para elaborar juntos un plan de defensa por si eso se repitiera. Sobre todo no se trata de decirle: «Tendrías que haber hecho esto o lo otro». Ese enfoque sería acusador y culpabilizador en exceso. Es mejor: «Podrías hacer esto si alguien intenta agredirte otra vez»; o bien: «¿Qué te parece que podrías hacer?». El matiz es muy diferente. Nada impide evocar también otras situaciones que ha vivido, potencialmente peligrosas, e imaginar con él de antemano una posible reacción: eso permitirá una prevención todavía mayor. En este tipo de conversación más vale evitar el tono solemne y optar por la fórmula de los pequeños juegos en los que cada uno propone sus soluciones. Este formato lúdico e interactivo le evitará caer en el papel del «progenitor preocupado que da lecciones» y el mensaje llegará mejor.

También puede esperarse que la agresión, por su carácter traumático, provoque en la joven víctima una circunspección. Evidentemente no es cuestión de alegrarse de que un niño o un adolescente hayan sufrido una agresión («Eso hará que siente la cabeza»), sino más bien de subrayar que siempre es posible sacar lecciones positivas de todo, aunque sea doloroso...

Algunos grandes clásicos

Un desconocido ha abordado a su hijo en la calle, le pide que le ayude a llevar un paquete y, guiado por su buen corazón y su confianza natural, este le sigue. Pero el perverso lo ha llevado hacia el patio de un edificio deshabitado y le ha obligado a tocarle el sexo. ¿Qué hará su hijo la próxima vez si un adulto le pide por ejemplo que suba a su coche, bajo el pretexto de que su padre o su madre ha tenido un accidente y que va a llevarle al hospital? Si cree que duda en su respuesta y que no es lo bastante categórico en su negativa, puede sugerirle algunas pistas.

Ante alguien que lo aborde, siempre debe hacerse tres preguntas: 1) Si acepto ir con él, ¿sabrá alguien dónde estoy? 2) Allí donde desea llevarme, ¿habrá alguien que podrá venir en mi ayuda si es necesario? 3) ¿Esta persona me inspira confianza?, ¿de verdad me siento bien con la idea de seguirle? Un solo «no» a una de estas tres preguntas debe decidir al niño a no seguir a ese adulto, le diga lo que le diga, sea lo que sea lo que le propone a cambio. También tendrá que procurar mantenerse lejos de él (que si estira el brazo no pueda alcanzarle) y dar respuestas lo más breves posible a sus preguntas, sin entrar nunca en detalles: no debe dar ninguna información sobre su nombre o su dirección. Reflejos que le permitan mantener al agresor potencial a distancia y no dejarse influenciar por él. También puede usted escenificar estas situaciones y representar el papel del adulto molesto e insistente.

Otro caso frecuente: han seguido a su hija adolescente por la calle. Nada más pasar el umbral de la puerta del edificio, su agresor se ha precipitado detrás, se ha tirado sobre ella y le ha robado el bolso. Aquí, la prevención pasa por una mejor atención al entorno, por una vigilancia incrementada. Naturalmente, no es cuestión de ir volviéndose a cada paso, pero nada impide echar de vez en cuando una mirada por encima del hombro cuando se pare a mirar un escaparate. Eso puede permitirle darse cuenta de las maniobras de un «perseguidor». Si ese es el caso, sobre todo no hay que desconfiar de una intuición ni decirse que va a desistir: de investigaciones realizadas entre personas agredidas, se ha concluido que todas o casi todas habían presentido algo anormal en los minutos que precedieron al ataque, pero no le habían dado importancia, al sentirse un poco ridículas o incluso «paranoicas». Lástima...

Si se tiene la impresión de ser el objetivo de un agresor, hay que pedir ayuda lo antes posible: entrar en un comercio, unirse a un grupo en la parada de un autobús, llamar por el móvil para pedir a los padres que bajen a la calle a buscarle, etc. Y todo esto, sin avergonzarse de nada, que más vale pecar de exceso de prudencia que arriesgarse a una agresión.

Violencia escolar, la unión hace la fuerza

Muchas agresiones contra niños y adolescentes se producen en el recinto de la escuela, el colegio o el instituto. Corresponde al director del establecimiento y al equipo educativo hacer respetar la ley y el reglamento interno en el territorio de su establecimiento. ¿Su hijo ha sido víctima de insultos, del robo de un objeto o de ropa, de una paliza o de chantaje? Además de la decisión de denunciar, la mejor manera de evitar que los hechos se repitan es advertir inmediatamente a la dirección del centro para que asuman su responsabilidad. ¿Qué puede hacerse para evitar las reincidencias? ¿Qué medidas concretas se comprometen a tomar? ¿Acepta convocar una reunión oficial sobre este tema?

Para obtener resultados siempre será mejor que acudan acompañados y asesorados por la asociación de padres y madres de alumnos. No obstante, si realmente tienen la sensación de haber topado contra un muro y consideran que la escuela es negligente sobre esta cuestión de la seguridad, no duden en recurrir a los servicios de otra autoridad competente, incluso fuera del sistema educativo.

Por lo que respecta a su hijo, anímele a que encuentre también él algunos aliados. En el caso de las niñas, ir en grupo al lavabo evitará, por ejemplo, ser presa fácil de un alumno con malas intenciones. También es prudente procurar estar siempre en compañía de dos o tres compañeros en los pasillos. Por regla general, el grupo protege.

Otra alternativa consiste en implicarse en la vida del colegio o del instituto y, por qué no, presentarse a delegado de la clase. Eso permite estar en contacto directo y regular con los adultos del centro y poder tratar con ellos los problemas de seguridad y buscar soluciones. Una solución podría ser reclamar que los alumnos reciban formación en mediación escolar: en caso de insultos y golpes o amenazas, podrán intervenir y evitar que se instale un clima de violencia en las aulas.

¡Resiste!

Frente a cualquier forma de agresión, no es útil, aunque ayude, naturalmente, ser sólo un «gran forzudo» para defenderse.

Hay muchos más medios para hacerse respetar que la fuerza física. Para convencer a su hijo, puede explicarle la famosa historia de Martin Luther King, apóstol de la no violencia que sabía pelear con otras armas que no eran sus puños.

Como breve recordatorio: en los años cincuenta del siglo pasado, en una época en la que en Estados Unidos estaba prohibido que los negros se sentaran en el autobús en la parte reservada a los blancos, una mujer negra llamada Rosa Parks fue a la cárcel porque no quiso ceder su asiento a un hombre blanco, ya que estaba cansada, además de que había pagado su billete. Frente a este hecho, que los negros de la ciudad vivieron como una agresión racista, la amenaza de una explosión de violencia parecía inminente. Martin Luther King, sin embargo, propuso otra vía: el boicot. Animó a todos los negros a ir a pie y no coger el transporte público. El resultado fue que las compañías de transporte público, a punto de quebrar, acabaron por autorizar a los negros a sentarse con los blancos. Esta historia demuestra que se puede salir victorioso de una agresión sin utilizar la violencia, simplemente resistiendo.

La figura de Martin Luther King y la victoria de la no violencia debería hacer reflexionar al niño o al adolescente. En efecto, lo importante no es pelearse en el sentido físico de la palabra, sino en el sentido simbólico. Ante un agresor, hay que intentar encontrar la fuerza para hacerle llegar este mensaje: «¡Basta!», «¡No!», «¡No estoy de acuerdo con lo que me haces!». Eso puede parecer ingenuo, pero no obstante es eficaz. La mayoría de los agresores son personalidades débiles que buscan presas fáciles. Frente a alguien decidido a resistir (incluso pequeño y delgado) un agresor dudará si seguir.

La palabra puede ser una manera excelente de mostrar que no pensamos dejarnos hacer nada sin corresponder. Una víctima puede desestabilizar al agresor más de lo que imagina al recordarle, alto y fuerte, que no tiene derecho a pegarle o a hacerle daño, o al preguntarle por qué hace eso. Por otra parte, a menudo hablar permite contener el pánico, disimular el miedo, sorprender al adversario. A veces se dice que la voz representa el 50 % de nuestra autodefensa potencial. Si la palabra falla, una mirada directamente a los ojos, un gesto de la mano para oponerse sin atacar también podrán ser elocuentes.

La confianza en sí mismo, la mejor protección

Naturalmente, para encontrar esa fuerza interior que permite reaccionar y no ceder a la violencia y la amenaza, hay que tener mucha confianza en uno mismo. Pero ¡justamente eso es lo que les puede faltar a las víctimas! (ver el capítulo 2). Afortunadamente, nunca es demasiado tarde para ayudar a su hijo a conseguirla o como mínimo a mejorarla. Lo importante es no convertirle en un «matón» inscribiéndole en un curso de autodefensa, sino más bien darle la ocasión de tener éxito, «brillar» en las asignaturas que le gusten especialmente, incluso en un deporte, en música, en teatro... La confianza en uno mismo es contagiosa: cuando se la conquista en un ámbito, rápidamente puede «contaminar» otras zonas de la personalidad.

Para ganar en seguridad, un niño o un adolescente también necesita sentirse tenido en cuenta: que escuchemos su opinión sobre los temas que conciernen a toda la familia, incluso si no es relevante; que nos interesemos en su mundo y le hagamos preguntas; que le dejemos dar pruebas de iniciativa y encontrar soluciones por sí mismo a sus problemas. En eso tan sencillo consiste la consideración. Por último, tampoco se trata de «hinchar el ego» del niño o acumular reproches y observaciones negativas. La cuestión no es renunciar a educarle, sino simplemente intentar equilibrar críticas y alabanzas. ¿Recuerda cuál ha sido la última alabanza que le ha hecho a su hijo? A veces pensamos que hay cosas que no hace falta decirlas, pero para el niño, oírlas es importante.

Tu cuerpo es tuyo

Hemos oído y leído esta frase de prevención contra los abusos sexuales muchas veces y la mayoría la hemos asumido. Desgraciadamente, para muchos niños e incluso adolescentes, no tiene nada de evidente. Muchos niños no se atreven a decir «no» porque no tienen completamente integrado que la sexualidad entre un adulto y un niño está prohibida.

Tras una agresión de este tipo, incluso si se tiene la impresión de haber tratado ya el tema, es indispensable volver a repetir claramente las grandes prohibiciones: un niño no debe nunca mantener relaciones sexuales con un adulto, pues no posee la madurez ni la preparación necesarias. No hay que dudar y decirle y repetirle al niño que su integridad física debe ser respetada. Nadie tiene derecho a tocar su cuerpo si él no quiere, si eso le disgusta (excepto, evidentemente, un médico o una enfermera para curarle). Nadie, incluso si es alguien muy amable y agradable; incluso si es alguien a quien conoce bien; incluso si esa persona le dice que es normal y que eso lo hacen todos los niños.

Al mismo tiempo, es recomendable aprovechar todas las ocasiones propicias, como una emisión por la tele, una conversación con sus primos y primas, etc., para hablar sobre una sexualidad entre adultos que dan su consentimiento, donde entran en juego el amor, el placer, el respeto. Obviamente habrá que utilizar palabras simples y adaptadas a su edad, sin imponerle una «exposición» de la intimidad entre los padres, con el único objetivo de que diferencie bien entre un acto sexual marginal y un comportamiento normal.

Al niño le será más fácil hacer respetar su cuerpo fuera de casa cuanto más se le respete en el seno de la familia. Si rechaza los besos y los mimos porque está en una edad en la que necesita más distancia, si quiere cerrar la puerta del baño cuando se ducha, si ya no quiere que mamá le enjabone en el baño, hay que entenderlo y respetarlo.

Gracias a ello aprenderá a decir «no» y que es correcto poner límites.

Lo esencial

Aprender las lecciones de la agresión anterior ayudará a limitar los riesgos de ser víctima otra vez.

Un niño o un adolescente se protege de una agresión aprendiendo a mantener la distancia ante un desconocido que le aborda en la calle y estando atento a
su entorno.

La violencia escolar sólo se puede combatir con la
colaboración del equipo pedagógico y recordarles
sus responsabilidades.

Para evitar una agresión también podemos mante-
nernos firmes, incluso sin tener que pegarnos con nadie, sólo con palabras, una mirada, una actitud de determinación.

Cuando un niño ha comprendido que él es el único
que puede decidir quién puede tocarle o no, está bien
armado para luchar contra un abuso sexual.

Capítulo 8

¿Y después?

**El futuro de un niño o de un adolescente agredido
no queda necesariamente hipotecado
por esos hechos. Afortunadamente, el ser humano está
capacitado para superar traumas de todo tipo.
La víctima podrá incluso extraer fuerzas
suplementarias de estos hechos difíciles.**

La resistencia...

Hemos descrito antes los efectos de una agresión en
los días, las semanas e incluso los meses siguientes
a los hechos. Pero ¿qué pasará uno, dos o diez años
más tarde? ¿Cómo va a inscribirse esto en la futura
historia de la víctima? ¿Quedará su destino modificado? ¿Una adolescente que ha sufrido una violación podrá conseguir desarrollar una vida afectiva y
una vida sexual? ¿Un niño víctima de incesto podrá

convertirse en un padre «normal»? Evidentemente, es imposible ofrecer predicciones generales y aventuradas. Sin embargo, se pueden destacar varias condiciones necesarias e indispensables para que el futuro de los que han padecido la violencia no quede marcado irremediablemente.

Reanudar una vida normal tras una agresión y, sobre todo, darle continuidad a largo plazo supone que la angustia se ha controlado con éxito. Esta angustia se ha inscrito en la memoria de la psique en el momento del trauma de la agresión y sólo espera ser reactivada e inundarlo todo cada vez que un hecho puede recordar las circunstancias de aquella.

Algunas víctimas llegan a superar ese daño que ha padecido su mente. Se les llama los «resistentes» y han conseguido recuperar su autonomía vital tras haber sufrido algo que podría haberles destruido. Muchos superan este desafío gracias a un encuentro con un «tutor de resistencia», como los denomina Boris Cyrulnik, que ha difundido este concepto en varias obras. Este tutor puede ser un amigo, un miembro de la familia, un profesor, un monitor de deporte, el comisario que ha dirigido la investigación, el abogado, el terapeuta, etc. Es decir, cualquier persona en la que la víctima haya podido apoyarse para reconstruirse y mirar hacia el

futuro, cualquier persona con la que haya una química especial. Puede ser incluso un héroe televisivo o un
personaje de novela: al identificarse con él, el joven toma un poco de su fuerza y de su aura para salir airoso
de la prueba a la que se ha visto sometido.

... Sí, pero

La apuesta por el futuro se gana cuando una persona
llega a hacer de su agresión una cicatriz visible, pero
bien cerrada y que ya no duele. Todo está en la memoria, intacto pero sereno, sosegado. A veces, puede pensarse que el problema se ha superado definitivamente, pero después se observa, años más tarde,
al tener que tomar una decisión importante, durante
un cambio de envergadura o incluso un incidente
que puede parecer anecdótico a los demás, que el
«agujero» siempre ha estado ahí, que la herida se ha
reabierto... La consecuencia es que la persona se
hunde en la depresión tras un conflicto con un superior jerárquico. Otra pone pies en polvorosa cuando su
relación afectiva empieza a cuajar. Otra cosecha fra-
casos repetidos en sus estudios, como si se impidiera a
sí misma cualquier éxito. Naturalmente, ese no es el

caso de todos los «resistentes», pero hay que tener en cuenta que eso puede suceder.

Frente a este género de «resurgimientos» tardíos, que a veces no serán fáciles de relacionar con la antigua agresión, sólo una terapia y la ayuda de un profesional podrán ser eficaces. En este ámbito, nunca es demasiado tarde. La conclusión es que, a pesar de no vivir anclado en el pasado y la agresión, hay que aceptar que eso forma parte integral de la historia personal y que quizá nunca terminaremos completamente con ello. En algunos períodos de la vida, sin duda habrá que dejar que todo aflore a la superficie... Si no era un tema tabú en casa en el momento de los hechos, será menos probable que ocasione reacciones exacerbadas en la familia y más fácil que se aborde serenamente si más tarde es necesario. Lo importante es dejar la puerta abierta, no cerrarla a cal y canto. La curación definitiva no pasa necesariamente por un olvido forzoso.

Cuando el agredido se convierte en agresor

Otro caso de agresión mal «digerida»: cuando una antigua víctima utiliza a su vez la violencia contra los demás. ¿Cómo puede suceder esto? Varios procesos pueden llevar a este tipo de reacción. Se recordará la posible existencia de un síndrome de Estocolmo: para superar la angustia inherente a la agresión, la víctima desarrolla buenos sentimientos hacia el agresor, se identifica con él y puede acabar actuando como él. Y eso, mucho tiempo después de la agresión, es un poco como el desenlace de un largo progreso subterráneo (véase el capítulo 3).

Quizá la víctima adopta ese tipo de comportamiento porque es lo único que conoce.

En ese caso se habla de teoría del aprendizaje: «He sido violento toda mi vida, me han educado así, no sé actuar de otra manera», parece explicar. Estas conductas también pueden tener connotaciones de venganza: «Toda mi infancia he sido víctima, nunca he sabido reaccionar ni defenderme, me siento culpable, por eso hoy, años más tarde, me vengo en otros para liberarme de toda esta carga».

Para algunos, hay incluso cierta legitimidad en esta repetición, una especie de autorización para destruir al otro: «Me han violado y tengo perfecto derecho a violar también».

Naturalmente, son reflexiones totalmente inconscientes y que sólo un terapeuta podrá resolver. Para los padres o el entorno familiar, es muy difícil sospechar que estos mecanismos están en marcha en la ex víctima, pues normalmente actúan en silencio. Al mínimo indicio que pueda dejar sospechar esta evolución, una agresividad creciente, por ejemplo, se impone el recurso a un especialista lo más rápido posible y sin dudar.

Una vía hacia la excelencia

Afortunadamente, existen muchas soluciones defensivas para recuperarse de una agresión y protegerse de la angustia que ha creado, mucho más positivas que la imitación de la conducta o el paso a la acción. El niño chantajeado varias veces puede considerar una cuestión de honor, por ejemplo, conseguir medallas en el deporte que practica. Una chica violada se convertirá en la primera de su clase y después en una persona destacada en su profesión. Una víctima de incesto militará activamente en una asociación de protección de la infancia. En efecto, la adversidad puede llevar a la excelencia. En el capítulo de los efectos beneficiosos que una agresión puede engendrar cuando ha sido superada, puede destacarse la adquisición de una cierta fuerza. Una víctima que ha sabido transformar la violencia sufrida en una etapa de su trayecto y no en un muro infranqueable se siente inevitablemente más fuerte que antes de sufrir esta prueba. Tiene la sensación, muy estimulante, de controlar su destino, de desarrollar su propia vida, de no estar sólo sometida a los avatares de la existencia. Esta fuerza es un arma de elección para el futuro.

En esta experiencia también habrá aprendido que no se puede vivir y avanzar sin los demás: los que lo superan han sabido aceptar que necesitan el apoyo de su entorno familiar, mientras que los que se hunden han creído que no necesitaban a nadie. Una bella lección de la vida...

Lo esencial

Curar a largo plazo una agresión significa mantener a distancia la angustia que se le ha grabado en la mente. Muchas víctimas la superan gracias al encuentro con un «tutor». Se habla entonces de «resistencia».

Mi hijo ha sido agredido

La resistencia no es necesariamente una adquisición definitiva. Cuando uno se tiene que reconstruir en torno a un daño, se corre siempre el riesgo de volver a caer. De ahí la importancia de permanecer vigilantes ante este hecho traumático del pasado, sin tampoco anclarse en él.

A veces, el agredido se convierte en agresor porque no conoce otro modo de expresión, para vengarse o porque piensa que tiene derecho.

Otras veces, para avanzar, la víctima triunfa en un ámbito concreto.

Una agresión que consigue superarse enseña que se puede ser dueño del destino y no sólo a sufrir.

Conclusión

Igual que un duelo o cualquier otro accidente de la vida, una agresión no se olvida. Pero con el tiempo es perfectamente posible vivir con ello, sin que sea un dolor, un obstáculo o un freno. No obstante, para llegar a ese punto, la joven víctima tiene que haber podido apoyarse firmemente en su entorno familiar para reconstruirse y curarse.

¿Cómo ofrecer un puntal de calidad al niño agredido? Lo hemos examinado a lo largo de estas páginas: la buena actitud pasa por un justo medio entre la sobreprotección y la falsa serenidad. Una escucha atenta sin forzar las palabras. Una observación sutil de eventuales síntomas sin que eso gire hacia el «espionaje» y la inquisición. Valentía para llevar los hechos ante la justicia si su gravedad así lo impone y apoyar al hijo en esta prueba necesaria.

Con todas estas condiciones, el niño o el adolescente agredido podrá continuar una vida normal y quizá incluso salir un poco más fuerte de esta aventura, que realmente podría haberse ahorrado, pero que también puede verse como una ocasión de crecer juntos.

Bibliografía

Para los adultos

BOURCET, S. y TYRODE, Y.: *Petite terreur ou souffre-douleur? La violence dans la vie de l'enfant* (¿Un momento de terror o víctima para siempre? La violencia en la vida del niño), Albin Michel, 2002.

CYRULNIK, B.: *Un merveilleux malheur* (Una maravillosa desgracia), Odile Jacob, 1999.
— *Les Vilains Petits Canards* (Los patitos feos), Odile Jacob, 2001.
— *Le Murmure des fantômes* (El susurro de los fantasmas), Odile Jacob, 2003.

DELPLA, P.: *Protection, représentation et accompagnement de l'enfant victime* (Protección, representación y acompañamiento del niño víctima), Érès, 2003.

JAQUET-CHIFFELLE, D.: *Apprendre à vos enfants à se protéger* (Cómo enseñar a los niños a protegerse), Favre, 2003.

Para los niños y los adolescentes

BOTTE, M.-F.: *Touche pas à mon corps* (No toques mi cuerpo), De La Martinière Jeunesse, 1998.

COSTA-PRADES, B.: *Dis non!* (¡Di no!), Syros Jeunesse, 1999.

— *Résiste! Contre la violence* (¡Resiste! Contra la violencia), Syros Jeunesse, 1999.

DOLTO-TOLITCH, C.: *Respecte mon corps* (Respeta mi cuerpo), Gallimard Jeunesse, 1999.

DUMONT, V.: *J'ai peur du monsieur* (Tengo miedo de ese señor), Actes Sud Junior, 1997.

LAOUENAN, C.: *Non au racket. Réagissez! Vous pouvez faire face* (No al chantaje. ¡Reacciona! Puedes hacerle frente), De La Martinière Jeunesse, 2002.

ROBERT, J.: *Te laisse pas faire! Les abus sexuels expliqués aux enfants* (No te lo dejes hacer. Los abusos sexuales explicados a los niños), Les Éditions de l'Homme, 2000.

SAINT-MARS, D. y BLOCH, S.: *Lili a été suivie* (Han seguido a Lili), Calligram, 1994.

SEMELIN, J.: *La Non-Violence expliquée à mes filles* (La no violencia explicada a mis hijas), Seuil, 2000.

VAILLANT, M. y LAOUENAN, C.: *Les violences du quotidien, idées fausses et vraies questions* (Las violencias cotidianas, ideas falsas y preguntas verdaderas), De La Martinière Jeunesse, 2002.

Contactos útiles

Teléfonos

Teléfono del menor: 900 20 20 10
Atención y apoyo confidencial para menores, de ANAR (Ayuda a Niños y Adolescentes en Riesgo).

Internet

Consejo General de Colegios Oficiales de Psicólogos: www.cop.es

Centro Reina Sofía para el estudio de la violencia, recursos y documentación (en español):
http://www.gva.es/violencia/

«¡Eh! ¡No te despistes!» (Ep! No badis!), programa comunitario desarrollado de prevención del abuso sexual y otros malos tratos infantiles (en castellano y en catalán):
http://www.ub.es/psicolog/observatori/ep/index.htm

Manual para la prevención de la violencia escolar entre iguales: «La Convivencia Escolar, qué es y cómo abordarla», publicación de la Consejería de Educación y Ciencia de la Junta de Andalucía, en formato PDF:
http://www.juntadeandalucia.es/averroes/publicaciones/convivencia.php3

ONU, Organización de las Naciones Unidas, versión en castellano. Incluye un índice de publicaciones sobre mujer e infancia y derechos humanos:
http://www.un.org/spanish/

Sociedad Española de Psicología de la Violencia (en castellano):
http://www.sepv.org/

Observatorio de la Violencia, Fundación Mujeres y Lobby Europeen des Femmes (en castellano):
http://www.observatorioviolencia.org/

Página de homenaje a Jokin, víctima de *bullying* o acoso en la escuela, donde se puede leer la sentencia del caso:
http://www.acosomoral.org/indexjokin.htm

Índice